THE
PHILOSOPHER
CHILD

哲学家小孩

[西] 约尔迪·诺曼 著
Jordi Nomen

张晓璇 译

致我的妻子,她照亮了我的时光
致我的兄弟,他照亮了我的灵魂

让我远离不会哭泣的智慧,
不懂得微笑的哲学,以及
不能向孩童低头的伟大。
——卡里·纪伯伦

人类真正的故乡是童年。
——赖内·马利亚·里尔克

在委拉斯凯兹的一幅画中
我遇见了一朵花。

我觉得自己曾为这朵花
吟诵过一首日本俳句。

我也怀疑萨宾纳[1],或者也许是
维瓦尔第曾在春天将它凝望。

它可能去过阿塔普埃尔卡
并且生长在火焰旁。

或许它曾在三十年战争里
试图躲避交战中的马蹄。

它会是海盗约翰·西尔弗
文在手臂上的那朵吗?

抑或是一名努尔人
在夏夜采撷的那一朵。

---

[1] 华金·萨宾纳(1949年2月12日—),西班牙著名歌手、诗人及画家。——译注(后文如无特殊说明,均为译注)

爱因斯坦身旁的花瓶中有它吗?
也许吧,相对而言。

它是苏格拉底赠予
赞西佩的那朵花吗?

它也许曾长在西西弗斯
推动巨石的必经之路上?

它会否是启发了哥德巴赫的那朵呢?

或许是它令萨拉马戈
得以安息?

又或者你就是我所找到的那朵
举世无双的花,让我永生难忘!

给予我灵感的那朵花
它的名字就是哲学!

目　录

引言　我们为什么需要一个更哲学的童年　001

第一部分　写给父母和教育工作者　011

01. 马修·李普曼是谁　017
02. 哲学对儿童有何用处　037
03. 可供哲学家小孩学习哲学的途径　044
04. 有哲学智能一说吗　053
05. 哲学对话是一种艺术吗　058
06. 存在关怀性思维吗　066
07. 怎样借助图片来评估思维　074
08. 小　结　077

第二部分　　哲学基本问题　081

01. 柏拉图：我们的行动应该追随大脑还是心灵　085

02. 亚里士多德：我们如何辨别对错　093

03. 伊壁鸠鲁：快乐是我们行动的终极目标吗　102

04. 塞涅卡：我们应该畏惧死亡吗　112

05. 斯宾诺莎：如何获得快乐　122

06. 蒙田：拥有好朋友重要吗　131

07. 卢梭：教育的作用是什么　143

08. 康德：我们应该做什么　151

09. 尼采：生命需要创造力吗　159

010. 维特根斯坦：必须对所有事发表意见吗　167

011. 阿伦特：何为恶　178

012. 弗洛姆：占有和存在何者更重要　191

结语　谈谈沉默　201

参考书目　213

引 言

我们为什么需要一个更哲学的童年

你们手中的这本书既是给大人的，也是给孩子的。本书的第一部分将展示笔者的哲学观以及孩子们如何从幼年时期开始接受哲学教育。第二部分则是将第一部分的理论知识提升到实践的高度。孩童是能够运用哲学的，并且他们若是在生命中获得了这种能力，那他们便可以从自己的视角来参与公民生活，从而建立起更好、更具批判性和创造性，也更人性化的世界。要想建造一个更好的世界，而且人人都能够生存并愿意生活在其中，那么孩子们必须学会独立思考。

处于现今时代的紧迫性中，我们经常会因某些暴力的穷追不舍而感到恐惧，男孩和女孩们有必要懂得什么是多元主义。多元主义是位于普遍主义和相对主义之间的哲学立场。显然，人类有一些普遍性，但当我们试图超越理性与道德良知去定义它时，部分少数群体及其权利最终可能会被置于人性之外。与之相反的是，如果我们认为万事都是相对的，并且一切均"视情况而定"，那我们可能是在给那些认可消灭不同身份成分的提议放行。

因此，笔者提倡多元化，它使尊重特殊性与普遍的共同利益之间可以相互协调。普遍的共同利益是最小公分母，它正是由尊重、合理性以及对差异的关注所组成的，并且这些差异并不是通过权威或无礼的方式强加于他人的。普遍与特殊这两者是你中有我我中有你的关系，这便是笔者理解人性的方式。那么，要在多元化的道路上取得进步，我们必须从男孩和女孩们着手。

孩童们迈出的最初几步通常不太稳当，轻飘飘的。他们直起身学步，去尝试个人的自主性。他们的肌肉还很柔软，骨头尚未发育牢固。他们或是对扩展个人世界充满好奇心，抑或是他们的双臂已经做好准备并发出邀请，让他们去挑战自己欠佳的平衡力，而孩子们也想寻求认可。唯有上述观点能够解释他们因何为了挑战世界而放弃外界给予的依托与安全感，去试图获得一种完全的直立状态——先落下一只脚，再落下另一只脚，高高地扬起头。如此，孩子们的视线得到了解放，他们得以目视前方，去计划如何触及眼前的世界。他们松开给予自己庇护的手掌，直面个人的恐惧，向环境发起挑战，以解放双手并使其成为改变世界和塑造现实的工具。所有人都是这样学会走路的。我们在这件事上得到的教导适用于每一个崭新的开始。而学习推究哲理则会开启一条无止境的长路。

说到哲学家小孩，我们所指并非一种职业属性，而是一种可能性，是利用各种对成长而言不可或缺的品质在孩子们身上激发一种新的视野，为他们打开一扇与众不同的窗去观察世界，这就是哲学的目光。笔者认为人们需要开启尽可能多的窗户来照亮这栋名为知识的大楼。孩子们都是带着一种永不满足的好奇心来到世界上的，他们对发现的事物怀有无比巨大的赞叹之情。而以上两者都属于哲学品质。人类是维持年轻状态最持久的物种并非毫无缘由。我们若是注意一下其他物种，便可以观察到它们构建生存基础的速度比人类要快得多。本能决定一切。人类必须学习文化，而且，我们一出生就身处一个已经成形的世界。我们的青春理应很长，其中充满了全新的歌曲和答案。为此，我们先学会说话，再学会写字。在最美好的青春时期，我们拥有让世界焕然一新的机会。巴基斯坦裔英国作家莫欣·哈米德（Mohsin Hamid）在2013年写道：

> 我们所有人都是童年的避难者。这是我们爱听故事的原因之一。写作或者阅读一个故事就是从避难者的状态中逃离。作者和读者在找寻的是同一个问题的解决方案：光阴荏苒，逝者已去，而那些将会逝去的人，也就是说，

所有人，我们终将逝去。因为在曾经的某个时刻，一切皆有可能。而在未来的某个时刻，一切皆无可能。不过，在两者中间的某个时刻，我们可以创作。

时间总是毫不留情地向前走，而机会与之同行。因此，孩子们必须尽早学会独立思考，以懂得认识、行动和存在的意义。这些就是西方哲学和艺术的基础。

意大利儿童作家贾尼·罗大里（Gianni Rodari）曾说，我们必须从小就开始储备乐观和信心来对抗生活。这句话很优美，但笔者并不赞同将生活当成敌人来对待。确实，生活会将我们置于考验之中，但我们不能通过标出界线和阵地来与之对立。我们的斗争对象是死亡，棋盘和棋子都由它决定。所以，我们必须尽早学会独立思考。与此同时，生活只是标出了我们务必直面的情形。失败不是决定性的；具有决定性意义的是如何面对失败，使失败的经历促进我们成长而非消耗我们的能量。哲学可以是达到这一目标的好方法。乐观主义和信心能够让我们懂得失败仅是一首插曲，是故事的一个章节，是在机会到来前的准备阶段中的必要沉寂。不幸的遭遇会使我们在战斗中变得明智，有助于我们调谐内心的秘密电台，发出庄严的声明："无论这些时刻多么艰难，让我直面生活，甚至当我无法言语而只能静静地注视着它时，也让我表达对生活的热爱，在黑暗最终拥我入怀之前，这明亮的寂静将一直因胜利而醒目。"对于哲学家男孩和女孩们，笔者不想给予他们战斗的武器，而是想要教授他们一种舞蹈，让他们用舞步来赞美生活、发掘快乐。

幸运的是，如今人们对童年的看法已经发生了改变。童年不再只是创建未来之前的脆弱和依赖阶段。未来是由现在逐渐建立起来的。把未成年人与服从画等号的陈旧家长作风已不复存在。孩子们有自己的意愿，应该教育他们完成从理性到理智、从情绪到感性、从发掘自我到理解他人的跨越。在幼年时期——可能在长大后也是如此，会有其他人替我们做决定。幸运的话，这些人是以爱为出发点，那么他们所做出的决定必定是为我们着想的。他们会为我们搭建舞台、写好剧本，并在演出时为我们鼓掌欢呼。就这样，我们开始在旁人的掌控之下自由发展。直到有一天，作为演员的我们觉得舞台不够宽敞，还做了即兴表演。我们冒着出错的风险，增添了全新的场景和内容，着手开辟新天地。新的目标就此出现，于是，我们在对未来并无头绪的情况下开始做决定。幼虫开始破茧成蝶。

如果我们学会了独立思考，那么关于各种意图、前因后果、环境形势和方法价值，我们都将找到自己的标准所在。而这就是我们将要用来进行决策和分析正误的工具，不过，在那之前，我们先要处理好情绪，因为情绪会蒙蔽我们的双眼。最终，我们会明白，自由就存在于人的内心，它并非身外之物。

我们将必须懂得为自己负责，因为我们是由自己的决策所造就的。这便是与孩童乃至与所有人谈论哲学的另一个原因所在。

如果我们一致认为男孩和女孩们是小公民，那么他们就应该以积极的态度越来越多地参与公民生活，从零开始学习行使权利和履行义务。孩子们必须内化的实践行为包括：通过提问来获得批判能力，以领会这个世界；保持纯真，用创造性的方式去应对生命给出的问题；在此过程中，既要关心他人，也要顾及自身。

孩子们必须学会领悟世界之复杂。艺术、科学、哲学和游戏都是我们触手可及的工具，能帮助我们迎接挑战和解决问题。我们应该尽早开始使用这些工具，慢慢摸索和体会，从错误中学习和进步，形成深入的认知。这些工具都属于情绪管理的范畴，为我们的生活提供保护，同时，它们本身也是一种存在方式。

孩童的大脑正在全面发育中，因此，家长必须激发他们的神经潜能。哲学就可以是增强孩童各方面能力的绝佳工具。很多哲学问题已被刻入各国独有的文化传统，而习惯了哲学的大脑便会在恰当的时候做出反应。

本书旨在为父母和教育工作者介绍一些西方哲学史上的重要问题，帮助各位来打开儿童对哲学的好奇心。让孩子们去发掘自己的哲学特质——在下文中我们将探讨这是否可以被称作哲学智能，使其服务于个人和社会的发展进步，成为活跃并且有责任感的公民，而且能自由选择他们想要的生活模式。

然而，可供选择的生活模式十分有限。我们都知道，人是可塑的。人就好比泥土，各种外力会共同作用于人的形态和稳定性。这些外力包括一个人所出生的国家、成长的家庭，以及根本无法触碰的遗传基因。我们无法控制时间、环境、因果、他人的意图，以及困扰我们的强烈冲动。我们也无法控制自己将接受的教育或者培养我们的学校。不过，我们很难说，自己在选择朋友时，不去考虑彼此之间是否有维系的纽带或者共处的可能性，毕竟那是我们编织情感世界的经纬线。我们的性情是天生的，但环境会塑造我们的性格。我们所做的决定会给予我们行动的意愿和方向，尽管我们经常不知自己何去何从。我们无法选择自己的寿命、疾病和弱点，尽管如此，在各方影响的包围之下，我们还是会找到一个隐秘的自由空间，并且有可能以颇具创造性的、近乎艺术性的、绝无仅有的、极佳的方式，满足所有条件，抵达自己的平衡点，建造一个独特的综合体。总会出现奇妙的机遇让我们去把握生命，生命是动态的，它会暂时停下脚步，再接着出发，会坚强不屈、自相矛盾，也会随波逐流。笔者认为，研究哲学有助于我们学会如何下定决心。

理解力是埋在学习之岛的宝藏。要弄懂理解力的运行机制就如同钻研炼金术，笔者敢肯定，这绝对不像电流传导那样简单。解释很重要，但它不是让理解力前进的车轮。笔者认为，归根结底，是对知识的需要、追求和好奇牵扯着我们的内心，让我们执意弄清各种问题，而这些问题就好似突然划破黑暗的闪电。是机体稳态的某种失衡推动我们追求认知，就像饥饿会促使我们吃饭一样。这是一个尤其充满了爱的过程，没错，与认知建立联系在诱惑我们，因为认知会拓宽我们的世界，让我们得以在地球、人性、生命以及多变的身份中冒险。哲学这门知识所追求的便是深度和理解力。

你们将会看到本书分为两部分。第一部分面向父母和教育工作者，让大家可以对在童年时期开发哲学能力所带来的可能性有所了解；第二部分则简要探讨了12个哲学基本问题，这些问题分别是12位西方重要哲学家的遗赠，帮助我们在教育孩童时，与他们进行对话，引导和培养他们的批判力、创造力与责任心。其中，第二部分的每个章节都由三个部分组成：问题本身、哲学家对该问题的解答，以及一个小故事。各位父母和教育工作者可以根据哲学家的理论，对每个章节的问题进行批判性、创造性，以及从伦理学角度出发的探索。并且，每个故事都配有三项活动指导（对话、游戏和艺术指导），来帮助大家理解这12个问题。在这里，需要说明的是，可供探讨的哲学问题很多，而笔者只挑选了其中的12个，它们分别是：

1. 柏拉图：我们的行动应该追随大脑还是心灵？

2. 亚里士多德：我们如何辨别对错？

3. 伊壁鸠鲁：快乐是我们行动的终极目标吗？

4. 塞涅卡：我们应该畏惧死亡吗？

5. 斯宾诺莎：如何获得快乐？

6. 蒙田：拥有好朋友重要吗？

7. 卢梭：教育的作用是什么？

8. 康德：我们应该做什么？

9. 尼采：生命需要创造力吗？

10. 维特根斯坦：必须对所有事发表意见吗？

11. 阿伦特：何为恶？

12. 弗洛姆：占有和存在何者更重要？

归根结底，也许所有问题的本质都是寻找真理。这个真理并非由事实所强加，而是孩童亲身体验之后获得的。在正文开始前，就"真理"一词，笔者还有些话要说。

真理往往是难以接近的，也是十分精确的，通往真理的道路崎岖不已。真理出现之时毫无修饰，因为它不需要让所有人都高兴，可以说，它一点儿也不在意别人的看法。真理也是难以捉摸的，就像刚刚穿过磐石裂缝的水流。真理无须保镖护体，因为无论怎么被攻击，它都能毫发无伤地从那些笨拙愚蠢的攻击中走出来。遇见真理时，甚至我们自己都会试图躲避！常常，在我们认为自己已经成功躲开了真理时，我们会发现它一直在自己背后，就像那些愚人节被贴在我们背后的小人儿。我知道，你们会说，真理让人无所适从，它会泄露很多秘密，不怎么通情达理，又十分显眼。你们说的这些都对！但是，如果我们真正认识了真理，它就能给予我们的生命非常多的活力！哲学往往直面真理，无论它有多让人不快！而直面真理也正是孩童的习惯！

第一部分

写给父母和教育工作者

对孩童来说，世界——以及世界上的一切——都是崭新的，令他们惊奇不已。而大部分的成年人却将世事完全当作常态。但哲学家们显然是特例，因为一名哲学家永远不会对世界感到习惯。对他来说，世界仍然是有些荒谬的，甚至让人有点儿茫然和费解。从这一点上来看，儿童和哲学家是相似的，他们同样敏感，并且终其一生都拥有这种敏感性。

——乔斯坦·贾德（Jostein Gaarder），《苏菲的世界》

笔者将从头说起。让我们先来读一个故事，因为笔者认为，哲学和文学一样，都是借由隐喻和神话来钻研难题的。

大家对普罗米修斯和厄庇墨透斯的神话故事熟悉吗？笔者先简单叙述一下故事梗概，再来谈谈引用它的原因。普罗米修斯和厄庇墨透斯是兄弟，他们的父亲伊阿珀托斯是希腊神话中的一个泰坦巨人。两兄弟的职责是在众神之父宙斯创造出人类和动物后，为他们注入各种能力，以确保他们能生存下来。其中，厄庇墨透斯负责给予鸟类飞行的能力，以及让狮子拥有利爪以自卫。这样一来，捕食者获得了力量，而猎物则拥有了得以逃脱的速度。

然而，普罗米修斯发现弱小的人类十分不幸，因为他们既没有卓越的体魄，也没有被赋予任何求生本领。为此，他深感遗憾，便决定从阿波罗那里偷来火种送给人类。火种的象征意义在于点燃人类的智慧，让他们得以发明文化工具，再进一步创造思想工具。人类由此登上了发明创造的王座，极大地缩短了他们与神明之间的差距。普罗米修斯因为怜悯人类而越界，可想而知，他触怒了宙斯，并受到了极为残酷的惩罚。普罗米修斯被锁在高加索山上3万年，每天都有一只鹰来啄食他的肝，到了晚上他的肝又重新长好，让他承受着无尽的折磨。

虽然笔者无意捍卫任何神创论的立场，但笔者确实认为普罗米修斯的故事很好地象征了文化和思想，尤其是哲学，如何让人类在一定程度上脱离了原始状态，并从此开始触及人文景观。而且，人类是在极度脆弱的时候获得了思考的能力，并将它化作力量，去面对生命中不断出现的挑战，这让我十分钦佩。这就是思想赋予人类的品质，大部分人类被团结在了一起，并在处置苦难和慌乱的时候更有把握。所以，我们必须尽早将思想的种子根植于孩童心中。普罗米修斯的故事之所以对我们人类意义非凡，就是因为它表明了思想与同理心的重要性。就让我们把这个"火种"传递给孩子们，让他们变得更强大吧。

就孩童拥有哲学地探索世界的潜力，笔者想同各位父母和教育工作者分享一些看法。笔者虽无法断言智能是否多元，但可以肯定的是，在人类的种族天赋中，有一部分智能可以被定义为哲学智能，它和语言息息相关。笔者会在下文中更深入地分析哲学智能，现在，让我们先来谈一谈感官。

显然，感官是我们与世界相通的渠道。也有人认为，感官为我们提供了思考的材料，所以感官也是思想工具。另外，在众多领域，恰恰是感官上的限制使我们有别于动物。我们只需想想鹰的视力、犬的嗅觉或者鲨鱼的听觉，就能明白人类感官的弱点所在。不过，人类有一个常被自己忽视的巨大优势，那就是我们能通过教育扩展感官的功能。人类通过大脑可以到达比目光所及远得多的地方。人类可以看出意图、预见可能性或者转瞬即逝的美丽。人类不仅可以听见大自然里的声音，还可以听出诗歌的魅力，人类的听力会将各种感觉杂糅，就像古代的炼金术士将蒸馏瓶里的各种液体混合在一起。人类也能辨别葡萄酒的浓稠度、酸度和度数，甚至，在经过适当的训练后，人类还能说出饭后咖啡的原产地。笔者提倡感官教育，甚至包括不被重视的触觉，以学会辨别怎样算是身体被侵犯。进行感官教育其实是对大脑的教育，其旨在避免产生可悲的依赖，为生命创造更高的美学门槛。

那么，有一个人非常了解在童年时期进行哲学教育的实际可能性，这个人就是马修·李普曼（Matthew Lipman）。

01

马修·李普曼是谁

马修·李普曼，1923年8月24日出生于新泽西州瓦恩兰市，2010年12月26日在新泽西州西奥兰治市逝世，是美国哲学家和教育家，也是儿童哲学的创始人。儿童哲学课程旨在通过一系列哲学小说使哲学更贴近儿童，让不同年龄段的男孩和女孩们可以围绕日常生活中的新奇事物展开哲学对话。

李普曼的儿童哲学课程最成功之处大概就在于将哲学问题和挑战置于儿童的日常生活领域，重建儿童在面对哲学时使用的处理方式。

李普曼曾从事大学生的哲学教育，也亲历了20世纪60年代发生于美国大学校园的政治运动。他从这些经验中得出结论：人必须学会批判性思考，探究各种哲学问题并做出理智的判断，而这些能力只有从小学时期开始培养，才不至于太迟。为了深入研究儿童接受哲学教育的必要性，李普曼在1969年获得了美国国家人文基金会的资助,为11至12岁的儿童创作了一本故事形式的哲学读物,名为"聪聪的发现"(1988年在马德里出版)。1971年,为了评估文字的作用和儿童接触哲学的益处,李普曼申请了一项资助,以对新泽西州蒙特克莱尔市全市公立小学五年级的学生(11至12岁)进行一年的研究。研究结果显示,接受哲学教育的益处体现在儿童认知的众多领域。

1974年,李普曼和安·玛格丽特·夏普(Ann Margaret Sharp)一起创建了儿童哲学促进中心(IAPC)。李普曼接受了蒙特克莱尔州立大学的邀请,将IAPC的总部设在了该校。1974年至1980年间,李普曼和夏普不仅创作出更多的小说,还编写了教师手册,用来阐述儿童哲学课程的实施办法。他们创作的小说面向不同的级别,每个级别分别选取了哲学的某个领域,比如自然、语言、逻辑、道德等。为了评估小说的效果,他们接受了洛克菲勒基金会的一项资助,以李普曼为主要研究员进行教育测试,并完成了多项研究(其中一项在一年时间内有近5000名学生参与)。

儿童哲学课程的实施需要任课教师做好准备,他们既要能以特定的方式进行授课,还要具有活跃的哲学思维,但是他们无须对哲学有深入的认识。为此,李普曼分别在罗格斯大学、哈佛大学、耶鲁大学、伊利诺伊大学、福特汉姆大学和密歇根州立大学开设了为期一周的讲座。20世纪80年代末期,李普曼发布了四门面向中学生的哲学教育课程。在他创作的以《聪聪的发现》为首的哲学读物系列中,还有下列书籍:教师手册《哲学探究》,以及面向九年级学生的《李莎》和《伦理探究》(1988年在马德里出版);面向十年级学生的《苏琪》和《为什么写,怎样写》(2000年在布宜诺斯艾利斯出版);面向十一年级学生的《马克》(1989年在马德里出版)和《社会探究》(1990年在马德里出版)。此外,由李普曼与夏普合著的《与哲学一起成长》和《学校里的哲学》于1978年出版,书中论述了小学哲学课程的理论基础。小学生哲学读物系列还包括:面向三四年级学生的《长颈鹿小努》(2000年在马德里出版)、《获得思想》(1992年在马德里出版)、《冬冬和南南》和《好奇世界》(1989年在马德里出版),以及面向一年级学生的《思思》(2014年在马德里出版)。1986年,美国教育部将李普曼的儿童哲学课程评为优秀教育课程,并为其提供课程推广补助金。1988年,李普曼出版了全新的理论书籍《教室里的哲学》(2000年在马德里出版)。

儿童哲学课程在全美得到了推广,美国教育部在各州组建了讲习所。这一课程也开始风靡全球,它在40多个国家拥有地方和国家组织,并在欧洲、拉丁美洲和大洋洲创办了区域协会。1979年,李普曼创立了《思考——儿童哲学期刊》,他在初期担任期刊主编一职,后来是编委会的成员之一。在西班牙,李普曼在加泰罗尼亚自治区的哲学教学研究所(Iref)

创建了哲学3/18项目:

> 哲学3/18项目是一个广泛的系统性项目,它将哲学列入基本学科的范畴,目的在于增强学生的思维能力。
>
> 该项目所包含的课程面向3至18岁的学生,以提高他们的反思能力为目标。该项目将教会学生思考这一总体目标具体化,旨在培养学生的认知能力,帮助他们理解研究对象和认识人类智力的丰富性,并为他们参与民主做好准备。
>
> 学校课程探讨的问题有限,而通过哲学的内容和方法论,学生能够对所有的潜在问题进行思考,可以说哲学既是途径也是终点,是最适合学习的人文学科。
>
> 哲学的研究领域一直被认为对人类生命或认知意义非凡,例如公平、真、善、美、世界、个人身份、时间、友谊、自由和社会等。
>
> ——马修·李普曼,《教室里的哲学》

现在,就让我们来深入分析一下李普曼关于将哲学融入教育的几点思考。也许,我们可以从下面这个问题出发:为什么随着年龄的增长,我们逐渐失去了感到惊奇的能力?就好像这是在浪费时间似的。于是,最终我们接受了该发生的就一定会发生,而已经发生的也不值得再去反复纠结。最糟糕的是，我们身边的儿童有样学样，把我们展现出的被动消极学了去。在孩童的每一个问题里，都存在着各种谜题和魔法，他们会问世界为何如此，甚至世界为什么是世界。每时每刻都是练习理解和判断的好机会，每个瞬间都能引发孩子的好奇。然而，身为成年人的我们却常常过于忙碌，以至于根本没时间去探索孩子们提出的问题。而这些问题也许就是能使他们长出批判性思维的种子。即使在比较理性的情况下，我们也不过是直接给出一个答案，就此关上了孩子的好奇心之门。可是，当孩子们不理解某事并迫切想要知道答案的时候，就正好是魔法出现的时候。无法解释之事是很神奇的，让人赞叹不已。人类本身就是一个谜，还生活在充满更多谜团的世界（正如李普曼在《长颈鹿小努》一书中所写）。貌似在成年以后，我们都忘了小时候自己曾经思考过的谜题。那时，我们曾试图弄清为什么愿望不会自动变成现实，或者为什么头发会变长但是耳朵却不会，又或者恋爱中的人为什么会做"傻事"。只有小孩才会提这样的问题，他们会对自己成长中的身体感到好奇，也会想自己怎么跟那个家庭相册里的小婴儿差别那么大，他们甚至会想真正的"自我"究竟藏在何处。不幸的是，当孩子们逐渐发现成年人对自己的无知毫不在意，慢慢地，他们的好奇心也会被追求"睿智"的面纱所遮盖和阻挡。丧失好奇心成了长大的筹码，他们不能再对万物感到好奇，而是必须担心"严肃的"问题。一些故事运用隐喻的手法将上述问题表现得淋漓尽致。比如，安托万·德·圣-埃克苏佩里（Antoine de Saint-Exupéry）在《小王子》中就讲述了小王子和一名成年人的奇遇，小王子想让成年人重新规划自己的生活。在对话中，小王子将自己与其他"成年人"的相遇故事向他娓娓道来。小王子说，他也常常试着用小孩的逻辑去理解那些成年人，却都是徒劳，他还建议那些成年人去寻找小时候的自己……在这里，请让笔者与各位分享《小王子》第十三章的内容，这一章讲的是小王子与商人的故事。

第四颗行星属于一名商人。小王子抵达的时候，商人忙得连头都没抬一下。

"早上好，"小王子说，"您的烟灭了。"

"三加二等于五。五加七等于十二。十二加三，十五。早上好。十五加七等于二十二。二十二加六，二十八。我没时间把烟重新点着。二十六加五等于三十一。吁！那这总共是五亿一百六十二万两千七百三十一。"

"五亿的什么呢？"

"啊？你还在呢？五亿一百万的……我现在想不起来……我有太多工作了！我是个严肃的人，不在傻事上浪费时间！五加二等于七……"

"五亿的什么呢？"小王子又问了一遍，只要是他提出的问题，不得到答案他决不罢休。

商人抬起头，说道："我在这颗行星上已经住了五十四年了，而在这些年里我被打扰的次数不超过三次。第一次是二十二年前，天知道从哪儿掉下来一只熊蜂。它发出巨大的噪音，让我在数钱的时候算错了四次。第二次是十一年前，我得了风湿病。我还是需要锻炼。我没时间散步。我是个严肃的人。第三次……就是现在！我刚才算到了五亿一百……"

"上百万的什么呢？"

商人明白自己想要清静是不可能的了，便说道：

"是天上那些偶尔可见的小东西。"

"苍蝇吗？"

"不是，是那些发光的小东西。"

"蜜蜂吗？"

"不是。是那些令人梦境愉悦的金光闪闪的小东西。我可是个严肃的人！我没时间做梦。"

"啊！是星星吗？"

"对，没错。是星星。"

"那你要五亿颗星星做什么？"

"是五亿一百六十二万两千七百三十一颗。这才是准确的数字，我是个严肃的人。"

"你要那些星星做什么？"

"你问我用它们做什么？"

"嗯。"

"不做什么。我就是拥有它们。"

"你拥有那些星星?"

"是的。"

"但我见过一个国王,他……"

"国王们是'统治'而并非拥有什么东西。这两者有很大区别。"

"那拥有星星有什么用呢?"

"这让我富有。"

"在变富有了以后呢?"

"就可以买更多的星星,如果哪个人有新发现的话。"

小王子心想,这个人想问题跟我认识的那个醉汉有点儿像。

不过,他还是继续问道:

"星星怎么能被拥有呢?"

"星星有主人吗?"商人嘟哝着问道。

"我怎么知道呀。星星谁都不属于吧。"

"那它们就是我的,因为是我最先有这个想法的。"

"就因为这个吗?"

"当然了。如果你发现了一颗不属于任何人的钻石,那它就是你的。如果你发现了一座不属于任何人的小岛,那它就是你的。如果你最先有了一个想法,并为它申请了专利，那它就是你的。所以，我拥有这些星星，因为没人比我更早想出这个主意。"

"这倒没错。"小王子说，"那你用星星做什么呢？"

"我管理它们。把它们一遍遍地数清楚。"商人说道，"虽然这很难做到，但我可是个严肃的人！"

小王子仍不满足。

"我，如果拥有一条围巾，便可以把它围在脖子上戴着。我，如果拥有一朵花，便可以把它带在身上。但你无法把那些星星带在身上呀！"

"我是不能这样做，但我可以把它们存在银行里。"

"这是什么意思？"

"这就是说我可以在一张小纸片上写下我拥有多少颗星星。然后，我再把那张纸锁在一个抽屉里。"

"就这样吗？"

"这样就足够了！"

有意思，小王子心想。这可真有诗意。但这并不是很严肃的行为。

小王子所想的严肃之事与成年人很不一样。

"我拥有一朵花，"他又接着说，"我每天都给它浇水。我还拥有三座火山，我每周都清扫，包括不喷发的那座。世事难料。我的拥有对我的火山和花而言都是有用的。而你却对你的星星没什么用处。"

商人张开嘴却发现自己无话可说，小王子就此离开了。

成年人真是太特别了，小王子在路上这样对自己说。

——《小王子》

确实，孩童的世界会一点点地缩小。但这是一个缓慢的过程。有时，成年人的世界也会因我们过于忙碌而越变越小。由于儿童没有相关的参考，所以他们不懂自己的各种经历有何意义，于是，他们便会觉得一切都是美妙的，并且会尝试使用赋予其感知以意义的机制。而成年人有时会认为一切都是寻常，无法感受到世界的魔力。也就是说，教育让儿童逐一打开理解世界的窗户，与此同时，成年人却越来越局限于某一领域，因为他们是严肃的人！慢慢地，成年人将窗户逐一关上，除非某种未知的出现使他们对确定性产生了怀疑。有一些儿童在学会读写之后，比如，当他们看见了同学的一支铅笔，他们会问："这是什么？"如果他们幸运的话，周围正好有几扇理解世界的窗户，那么他们便会得到不同的答案。从科学角度来看，铅笔是一个简单的技术工具，是用木头包裹住一根可以书写的石墨条制成的。从艺术角度来看，铅笔可以让我们为所爱之人写下美丽的诗句，或者画出朋友幸福的脸庞。更有甚者，从哲学角度来看，铅笔让话语得以广泛化，并被交到最普通的人手中。而从娱乐角度来看，铅笔可以被丢给同学，搭建游戏的小桥。这会极大地丰富儿童的经历，不过，教育这座小屋需要具备许多扇各不相同的窗户。

我们先来分析批判这扇窗。一个具有批判性思维的人会对语境十分敏感，他有很多标准——论据是否扎实、适当、精准、可接受、充分等——做参照，并且能够进行自我纠正（他会质疑自己思想的弱点并予以改进）。以上也是我们需要达到的目标。

那么，我们从哪里出发呢？确实，孩童的生活充满了各种问题，但成年人在回答他们时，对于现实做出的解释却常常倾向于以人类为中心。尤其当他们还是幼儿的时候，人们常对他们说：是谁在天上哭呀，看起来要下雨了。雨点可以被比作眼泪，原因显而易见。这并不是说孩子们的问题不需要解答，而是说他们的问题更注重原因而不是目的。孩童需要认知，因为无知会令他们不安，这种对事情缺乏控制的感觉会让我们人类担忧不已。理解可以让我们心平气和，在情感上感到安逸。因此，我们成年人需要停下脚步，看看我们给出的答案是否满足了孩子们的好奇心，还是说让他们感觉更加无能为力。也许，孩童无法懂得科学的解答，但我们不能总是用类推的方式来回答他们。任何儿童都可以结合自身经验明白下雨的原理：地面上的水以蒸汽的形式上升到空中，再以水的样子降落，就好比我们在洗澡时，浴室的屏风上会形成小水滴。不过，共同探索通常比一句简单的回答——下雨是因为老天爷伤心了——需要更多的时间。

此外，我们还要帮助他们明白不是所有的答案都属于同一类。有些答案涉及因果，比如天为什么会下雨，另一些则涉及存在，比如人为什么会死。第一类问题需用科学作答，第二类则由哲学来探索。

我们常常会给出"非黑即白"的答案，孩童也习惯于寻求这样的答案。不过，仅此一次，请允许笔者对莎士比亚"生存还是毁灭"的著名独白提出异议。当我们把答案简单地划分为A或B时，这种二元对立会对我们的决策会产生很大伤害。生存还是毁灭？那这之中的改变和转化呢？我们被告知必须在两者之间做选择，因而陷入虚假的两难境地，被逼做出错误的选择，因为我们并未了解到还有其他选项的存在，或者有创造一条新路的可能性。笔者认为，除了是与非，还存在假象甚至反复。如果我们不了解决策有程度之分，以及绝对主义往往会造成伤害，那么我们就会被因循守旧所牵绊。笔者捍卫的并非相对主义所说的什么都是对的，而是强调提出替代方案和开拓思维的问题的权利，例如在生死之间有其他阶段的存在吗？像是改变、超越、毫无生气地活着、流芳百世……当一个人不愿面对全新探索所带来的不确定性时，他就会给出二元对立的答案。这类答案当然可以出现在特定的语境中，但它不能成为人类存在的脚本。

当我们思考的时候，我们是有目的的，我们的观点建立在假设的基础上，而假设则涉及结果，然后，我们会使用数据、事实和经验来进行推断，根据理论和概念做出判断，旨在解决或回答问题。所有这些思考要素我们都必须一点点地教给小孩，确保他们获得批判性思维。既有建立在事实基础上的认知，也有主观的看法，还有评估各种原因并做出最佳选择的理智。如果我们想回答"今天热吗"这个问题，那么我们需要知道热是一个主观的概念。我们可以从客观的角度来谈论今天的气温，但是热这个概念与个人感觉有关，人与人之间会有很大差异。我们可以说出自己的看法，"我很热"，或者，也可以通过比较当地近期的气温和往年同一时期的气温来判定今天确实比平常要热。懂得分辨事实、观点和理智是我们所建议的思维教育的一部分。事实是无可争辩的，我们能从中获得认知，意见则是可以争论的。拥有理智让我们可以评估原因背后的相关性和适当性，看看是否可以接受。意见不是经过证明的事实，它缺少证据的加持，即便有再多的论述也不够。真理是无可争议的，它可以被任何意见质疑，但是，只要缺乏相反证据，真理就还是真理，能被反驳的都只是意见而已。无论怎么说，被重复上千次的意见也不会变成经过证实的真理。比如，我们可以不赞同进化论，但并不能否定它。不是多数人说了就算真理，真理只服从理性和证据。肯定会有人坚持说一切皆可怀疑，但光靠意见没有用，必须得有证据。否则，我们就将生活在谎言之中。此外，还有一个疑问有待解决：如何看待非科学类的真理？《奥德赛》真的是一部杰作吗？在这类真理中，证据的重量就在于提供足够的理由去支持提出的意见，做到论据充分，语言精准。怎样的作品可以被称为杰作？《奥德赛》符合多少成为杰作的标准？这确实和科学真理的确定性不同，但它制定的标准可以让我们比较不同意见的强弱程度，并且这与意见的提出者无关。因此，笔者认为，孩童有必要学会发表意见，不过，支撑意见的理由或证据也同样重要，这就是批判之窗的基础。

艺术和创造的窗户也很重要。创造性思维既有想象力又有挑战性，既有整体性又有连贯性，既有创造力又有独特性，是一种具有启发性的、卓有成效的、有争议的，并且激励人心的思想。

各位是否想过为什么孩童喜欢听故事呢？故事的构架让人可以将现实中的学习成果进行转移，用比较安全的态度来解释世界。故事的主人公虽历经万难，但常常在故事的最后获得胜利。说到讲故事，谁没有被孩子央求过呢？我们会对故事内容进行发挥，把它变成一个新版本，这是成年叙述者创造性的范例。也许我们应该把创造的空间留给孩子们，让他们去超越原来的故事，不是吗？家长给孩子讲一个故事，作为交换，孩子必须给家长说说他把故事发生的地点和主人公的衣着想象成什么样子，或者他想如何续写这个故事。成年人剥夺孩子的想象力，不给孩子留下运用想象力的空间，是很糟糕的做法。

笔者给大家介绍一个迷你故事,来自西班牙作家佩雷·卡尔德斯(Pere Calders)的《灵魂之镜》,选自《悄悄入侵:卡尔德斯故事集》:

> 我们从未见过,无论在哪里,无论在哪种场合,但他长得实在太像我的一个邻居了,他还跟我热情地打了招呼:哦,他也把我和别人混淆了。

这个故事可以帮助我们分析创造之窗。首先,我们可以想想,这个故事有没有逻辑,再试着想想故事的内容在哪种情况下是可能发生的。我们正在打开创造之窗,让空气流动。创造性不是一种天赋,它是要靠争取得来的,很多时候,其实只要离开我们感到安全的舒适圈就可以获得创造性。当然,我们会害怕迈出这一步,我们担心在任何改变的后面都藏有深渊。我们想知道等待自己的是什么,而创造性带来的不确定性具有扰乱因子,让我们惊慌失措。墨守成规让我们放松,就像和了解我们癖好的室友共处,但在这样的表面之下并不全是真实。创造性就像一根树枝,会长大并变得粗壮,它能扩展舒适圈,鼓励我们对它发起挑战。创造性是孩子迈向探索世界的第一步,为了享受身为人类的垂直感,他们放弃了爬行。他们肯定会时不时地摔倒,但不会因此而放弃接触新世界的机会,那里十分宽阔,充满了全新的挑战。无论何种类型的创造性，都能放大时空，让静止变得生动，通知他人苍穹中有新的星辰，地球不是平的。这也是军人的智慧，要求我们离开安全区，完成新的探索，或者赋予边界新的用途，现在我们知道，边界只是那些强迫自己遵守边界的人心中想象出来的线条。拿着穿越边界的护照，笔者邀请你们跨越它，也陪你们的孩子一起去跨越它！

那么，哲学之窗是怎么一回事呢？孩童会提有关逻辑、认识论、形而上学或道德观的问题，如果我们想给出一个较为详尽的答案，而不只是简单地说一句"你以后会懂的"，那么我们就必须去寻找所有的哲学资源。妈妈，为什么我们会死？我们怎么知道狗不会思考？我要怎么确定自己做的是对的呢？所有人都有时间，但你为什么总说自己没时间？这些问题经由家里或学校里的小孩说出来，会让我们不知如何是好（其实，是我们忘了，当自己处在他们那样的年纪时，也问过这样的问题），让我们这些生活在他们身边的成年人不得不从心理上做出调整。这些问题肯定会让我们惊讶不已，但实际上，孩子们需要理解世界，而他们的天真和阅读量的缺乏让他们只能努力去提问来获得答案。我们在上文中已经说过，孩童只满足于非黑即白的答案，介于两者之间的答案他们不接受。那么，也许我们可以拿他们的问题去反问他们："那你呢，你为什么觉得是这样的？你为什么认为会发生这样的事？"例如，我们可以读读刘易斯·卡罗尔（Lewis Carroll）

的《爱丽丝梦游仙境》中的这段故事：

见到爱丽丝，柴郡猫露出了微笑。他看起来性格还不错，爱丽丝心想。但是，他那长长的指甲和数量众多的牙齿让爱丽丝不由得肃然起敬。

"柴郡猫。"爱丽丝怯生生地开口，心里并不确定他是否会喜欢这样亲昵的称呼，但柴郡猫依旧笑容灿烂。"哟！好像他还挺喜欢的。"爱丽丝想。她又接着说道："能请你告诉我，我从这里可以到哪儿去吗？"

柴郡猫回答她说："这得看你想到哪里去。"

爱丽丝想解释一下："我并不是很在乎去哪儿……"

柴郡猫打断她："那么，你朝哪边走都可以。"

"……只要我能到个什么地方就行。"爱丽丝接着自己刚才的话说。

"噢！你总会到达一个什么地方的，"柴郡猫说，"如果你走得够多的话。"

爱丽丝觉得这话无可否认，便试着再问他一些别的事情：

"住在这附近的都是什么人呢？"

柴郡猫抬起一只脚指向右边，说："这里住着疯帽子。"然后，他又抬起另一只脚指着左边，说道："那里住着三月兔。你想去拜访谁都可以，他俩的疯癫程度不相上下。"

"可是,我不喜欢跟疯子待在一块儿呀。"爱丽丝向他指出这一点。

"这你可没法避免,"柴郡猫回答道,"我们这里全都是疯子。我是,你也是。"

"你怎么知道我疯没疯?"爱丽丝问。

"你必须是疯了,"柴郡猫说,"不然你也就不会来这里了。"

孩子的逻辑就是如此:如果这里所有的人都是疯子,而你和他们在一起,那你也是疯子。总之,他们的逻辑推理让我们吃惊,他们能很快学会思维的"语法"。如果你跟他们说明天"不管发生什么,我们都会去公园",那么你今天改变计划就不符合他们的逻辑。既然你说了无论情况怎么变,都不会影响决定,那么只要你改变了决定,那你就是前后言论不一致。他们会觉得你不遵守诺言,尽管他们还不会表达。这会使他们感到迷茫,因为要让世界对他们来说可以理解,我们的所说、所想和所做就需要保持一致。现如今比以往任何时候都要求孩童了解世界的不确定性,因为世界变化得太快,我们必须授予他们处理不确定性的工具。西班牙作家乔安-卡莱斯·梅里希(Joan-Garles Mèlich)认为,有一种道德观是因不确定性而存在的,因为人们会在一个具有象征性的暂时存在的宇宙中思考。真理和确定性不属于人类世界,无论从古至今的哲学家们——其中一些我们将在本书的第二部分见到——怎么坚持这样去呈现。那么，哲学可以帮助我们与这种不确定性共存。

什么才是正确的行为？这是经常藏在孩童和成人关系中的又一个哲学问题。为什么这么说？让我们来仔细分析一下。我们会教给孩童在社会中共存所必需的基本道德标准，比如，我们告诉他们，必须诚实，不能将不属于我们的东西据为己有。如果有一天，他们看到我们在街上发现了一个丢失的钱包，并把它交给警察去寻找失主，那么在他们遇到类似事情的时候，他们就能做出正确的举动。这样一来，他们还将领会到，我们这些行为的目的在于确保信仰、言语和行动之间的一致性。假如我们把钱包留在原地，孩子也会有所学习，但学到的内容会不一样：我们不需要把世界变得更好，没必要有同理心，别人的问题不用我们来负责。如果我们不抓住这些机会去展示逻辑和道德之间的一致性，那么我们怎么能期待孩子学会呢？

最后，让我们打开游戏之窗。显然，孩童能在游戏中找到全新的资源，新体验会使他们缺少安全感，而游戏却能增加他们的安全感。游戏是孩童学习不同角色的最佳工具，帮助他们理解和建立自我是一个永恒的过程。通过游戏规则，游戏帮助他们懂得，在社会中共存必须遵守一定的秩序。游戏可以让他们构思出解决问题和冲突的创造性方式，还能让他们在团队合作中建立纽带。荷兰语言学家约翰·赫伊津哈

(Johan Huizinga)将古希腊时期的哲学定义为一种游戏,一种找到和捍卫最佳论据的竞赛,力求打败对手。也许用竞赛来形容并不是那么准确,哲学和游戏更在于合作,将别人的目光与我们的相叠,共同了解世界的复杂之处。

从定义来看,游戏是积极自由、自发自愿的,它必须对预期目标和所学进行反思。在本书第二部分的游戏指导中,你们会发现,游戏不仅是为了娱乐,也是为了一起学习。

02
哲学对儿童有何用处

毕达哥拉斯在几个世纪前就已经说过:"教育好你们的孩子,那样就不会有需要接受惩罚的大人了。"在很长一段时间里,哲学这门认知学科都与孩童无甚关联。曾经,哲学所具有的抽象性对于儿童来说既可怕又遥不可及。那时,哲学是成年人的职业,专为发育完全的大脑而准备。幸运的是,经历了改革之后的哲学教育不再仅仅是代代相传的知识体系,还肩负教会学生思考的使命,让学生在一系列教学活动中学会像科学家、运动员、哲学家、历史学家等一样思考,同时培养学生的批判性、创造性和道德观。哲学家会权衡论点,质疑各种概念,探查语义学的局限性所在。这听上去很复杂,其实则不然,孩童也可以做到。训练思考能力与保护好奇心并不违背。获得清晰的思维能力,以避免活在含糊不清的感受中;拓宽世界,以了解它和自己,这就是学习。

例如，通过故事、游戏和观察并进行艺术创作，再加上之后的适当反思，孩童便能接触到经典和近代哲学家的理论。显然，在面向儿童时，必须使用简单的语言来介绍实用概念，避开思想家们的特定术语。这并不是说语言就可以不严谨精确，恰恰相反，我们必须注重词语所表达的概念和含义。这是可以做到的，只要我们在此过程中将哲学作为知识体系的一部分，并且将哲学作为激发批判精神——适用于任何学习内容——的工具。如果有必要的话，我们也可以像尼采所说的那样，用铁锤来捍卫哲学。要知道，哲学被称作科学之母并非浪得虚名。

哲学有助于开发人——包括孩子在内——的批判性思维。在李普曼看来，批判性思维是一种负责任的出色思维，能提供良好的判断力。批判性思维是一种智力和性格能力。智力能力是因为它包含提出论据的能力，以及按合适的标准正确使用语言的能力，它也关注背景和反思的重要性。性格能力是因为它需要稳定持久的态度，比如同理心、诚实和谦虚。

西班牙哲学教学研究所所长伊雷内·德·普伊格（De Puig）认为，批判性思维有几个特点。第一，它建立在标准的基础上。标准就是做出判断时所遵循的准则，我们据此决定什么是真什么是假，哪些该做或该思考。不要忘了，是标准指引行动。第二，自我纠正。以修正错误作为探索的出发点，在不断的探索中进行自我怀疑。提问是实践自我纠正的好方法，例如，你是怎么知道的？这是一个事实，还是一个观点？谈话中是否出现了空白和沉默？第三，对背景的敏感性。环境不仅决定了标准，也决定了差异。现实很复杂，例子和反例、不同的观点和情形，以及替代方案都是展现这种敏感性的好方法。此外，批判性思维还包括：人的价值观和态度，人们需要学会自主思考，先讨论后相信；开放胸怀迎接探索新理论、新观点、新可能的机会，运用理性去研究问题、评估理论、捍卫立场和解决冲突。

促进儿童批判性思维的最有效方法就是让他们与同伴对话，借此让他们接近哲学思想。儿童在研究团体中学习，就好比我们在社会中学习。源自不同经历的不同观点，为儿童与哲学观点的相遇提供了肥沃的土壤。儿童社区会组建合作小组，以从多个角度对课上的问题或话题进行讨论。在社区中，儿童必须尊重他人，不能带有偏见，因为讨论的目的不在于捍卫某个特定的立场，而是考虑从不同角度进行研究能为复杂的观点提供什么。例如，我们可以想象在桌子上有个盒子，该怎么做才能对它产生全面的认识呢？我们肯定会想，一个盒子有六面，必须看到它的每一面之后才能下结论，对不对？但是，盒子的内部还有六面，我们必须打开它才能进行分析。为了确保我们认识了盒子的全部，包括它的作用，我们还要看看盒子里装了什么东西，是只有空气还是还有其他东西。只要是诚实提出的不同观点，就能让我们看到整体，将不同立场之间的竞争放在一边。你们听过古印度的盲人摸象的故事吗？有六位失明的智者，他们想知道大象的样子，于是，有一天，他们决定通过触摸大象来了解它，六人分别站在了大象身体的不同位置：第一位智者摸到象背，就把大象比作一堵墙；第二位智者摸到象牙，则把大象比作长矛；第三位智者把细长如蛇的象鼻当作大象；第四位智者把大象的耳朵当成了大象，说它像扇子；第五位智者摸到象尾，把大象比作老旧的扫帚；第六位智者把象腿当成大象，说它像棕榈树的树干。他们都固执地坚持己见，完全不相信别人的说法，他们觉得别人对于大象的认识都大错特错。当我们将个人观点与自尊心联系起来，就会产生上面这种盲目行为，教育工作者和父母都应该引导学生或孩子避开这种错误。

　　孩童需要从探索思想假设中学习，对于他们的自由表达，成年人必须保持中立，而对于他们是否尊重和容忍其他观点，并做到言论严谨，成年人则必须采取强硬的态度。这样一来，儿童既能够表达自己的想法，做到有理有据，又能尊重他人的意见。他们需要把注意力放在思想本身的有效性和确定性上，而不是去关注那些提出想法的人。这不是相对主义，而是多元主义。相对主义给不同语境的思想赋予同等的价值；多元主义则认为，从逻辑上来说，一些想法比另一些更有效，或者说从认识论和伦理学的角度来看，更具确定性。如果我们所有人都在建立共同的学习经验，那么我们便是默认接受将自己的思想用于分析，而这并不会削弱我们，反而会让我们变得更强。

显然，想要成功引导这类批判性思维，要求教育工作者满足进行哲学对话的可能性，并且能作为实践者成为研究团体的一部分。驾驶员必须会驾驶，光懂得机械和交通法规是不够的，这是显而易见的道理！同理，一个人光有批判精神是不够的，因为这不能保证他会提出合适的问题，更不能保证他可以给出合理的答案。因此，父母和教育工作者必须多投入实践，以确保它的有效性。

同样，哲学可以培养孩童的批判意识，使他们建立起更清晰更牢固的价值观等级，那么与价值观相关的问题便会以自然的方式呈现。在这两个解决方案中，哪一个更好或更重要？分析利弊和藏于价值判断中的论证能力，以及论证的基础和牢固性，可以让孩童以更好的标准去选择并捍卫他们的价值观。

此外，作为共享和共同分析观点的明显结果，我们将学会共情、尊重和宽容，还会将可能犯错视为学习本身的宝贵一环。古希腊作家普鲁塔克所言不无道理：大脑不是一个需要填满的空杯子，而是一盏有待点亮的灯。

哲学还能帮助儿童习得创造性，因为思想的碰撞需要举例和类比，让我们持有的论据更清晰易懂。简言之，创造性就是离开舒适圈，去探索复杂性，质疑所有我们觉得有待考证的事物。为了能够选对思考和行动的最佳方式，我们必须使用清晰的语言，并理解现实的各种细微之处。我们必须知道，没有人能有绝对一致的生命观和世界观。当出现问题，并且面临解决问题的挑战时，我们理所当然地会产生怀疑和疑问。而路并不只有一条，我们要权衡并做出最佳选择。

伊雷内·德·普伊格认为，创造性思维：

——是巧妙且灵活的；

——能帮助我们讨论现实并寻找替代方案；

——有很强的直觉；

——是开放且自由的；

——可以强化批判性思维并产生效果；

——可以重新整合和连接；

——相比分析性而言，更具综合性；

——以认知、存在和行动为前提，并且偏爱复杂性。

综上，我们虽无法预测问题和冲突何时出现，但创造性思维将是一个很好的解决办法。在我们所处的通信与信息社会，获得资源不成问题，难的是如何用全新的方式去整合资源，创造出解决不同困境的不同模式。创造性思维可以使大脑不走寻常路，并由此成为新思想的发动机。新思想产生后交由批判性思维去评估，两种思维相辅相成。确实，创造性思维也会引发家长和教育工作者的不安情绪，因为他们会看到孩童是如何逐渐学会自主思考，去质疑那些确立的真理，认为它们只不过是习惯的力量或被错误地当作权威。这些观点看似无法改正，而哲学的作用就是改正其中的错误所在。创造性思维就是用不信任的态度去学习获得自由，将生命掌握在自己手中。

那么，我们必须自问：具有批判性、创造性，有教养的、自由的孩子和学生是我们希望看到的吗？我们会在孩童奋斗和成长过程中陪伴他们吗？

成熟是接受脆弱的存在，脆弱性激励我们根据情况做出调整。这些情况既是思考的出发点，也是思考需要进行评判和衡量的内容。成熟是承认错误，是研究解决——有时也会徒劳无功，以失败告终——由存在引起的不可避免的问题。成熟也是对抗压力，压力来自那些自恃有权对你评头论足，并为你指出你必须强行遵循的道路的人，他们这样做是因为你想避开寂寞和被驱逐的苦行，他们则不想让你进行自主思考，想要让你成为小组或假性常规的附庸。简言之，成熟就是懂得独立自主，对自己和身边人负责。不向直觉屈服，也不向冲动或缺少论证的回答低头，保留激励自己的情感，任何时候都要从别人的角度看问题，弥补自己的疏漏。成熟就是尊重别人和自己，并且，当你内心住着的小孩要和你想成为的大人协商时，你要表示理解，睿智的老人会建议小孩和大人都谨慎行事！

如果是这样的话，那么，尽管在面对问题时我们内心的平静会稍有波动，但是让哲学进入孩童的生活仍会是达到以上目标的绝佳工具。

03
可供哲学家小孩学习哲学的途径

众所周知,故事、游戏和艺术是儿童学习时必不可少的三大资源。谁没看到过孩子们在听到讲故事时期待的眼神呢?谁没见过孩童在公园里进行他们想象中最奇特的冒险呢?孩童通过图画来幻想自己身处不同的场景或表达个人情绪,谁没有对这些画作表示过钦佩呢?

因此,我们必须强调这三种资源在儿童综合教育中的重要性,在本书中,笔者主要突出的是它们对于儿童哲学教育的意义。让我们先从故事这一点说起。相比长篇故事,笔者将更侧重谈论短篇故事,因为短篇故事的结构比较简单,是儿童理解故事内容的第一步。

现在,我们需要分辨理解性阅读和"深度的"批判性阅读之间的差别。理解性阅读是看故事的内部结构和对人物的描述,以及故事情节的展开,包括开头、高潮和结局。理解性阅读还在于看故事成形的背景，即故事发生的时间和空间。相比于字面内容和作者表现出的倾向及价值观，深度阅读更注重故事的隐含内容和寻找其他的理解角度。比如，《皇帝的新装》讲的是一位高高在上的国王被两个狡猾的假裁缝欺骗的故事，那么当孩子们听到这个故事时，理解性阅读就是让他们弄清故事发生的地点、国王的性格、受骗的过程，以及真相是如何被一个单纯的小孩所揭露的。而更具哲学性的阅读则是让孩子们从另一个角度去明白一些问题，比如：为什么高高在上的国王会放任别人欺骗自己？为什么国王身边没有人告诉他真相？或者，权力和真相是互不相容的吗？由此可见，深度阅读的探索内容超越了故事本身，并对故事的隐含内容进行思考，而这些内容往往是简单的理解性阅读并不会涉及的。显然，理解是反思的第一步，但如果我们要引入哲学理论，就必须从理解向反思和领会前进。巴西哲学家、教育家保罗·弗莱雷（Paul Freire）认为，进行深度阅读的读者会做出假设和推断，思考语言的双重含义。我们不要忘了，维特根斯坦曾说："语言的界限就是思想的界限。"

阅读不仅仅是一个将单字转化成词语和句子的机械化程序。阅读是从你所在的世界进入另一个世界，倾听叙述者和故事人物的声音，在时空中旅行。阅读既是与自己对话，也是脱离自我与他人对话；既是学习，也是忘掉所学；是进入另一种生活，将自己想象为主角或主角的对手；是积累激情和痛苦，并与自己的亲身经历作比较；也是辩论、对话和交换意见。阅读可以让我们意识到多元化和教条主义的存在。阅读所建立的想象方式是难以仿效的，是普通的图像永远都无法做到的。当阅读的内容是用我们的母语写成，那么阅读也是尊重我们的文化；当阅读的内容是翻译而来，那么阅读就能让我们接近他人的文化。阅读是魔法，是理解之门，门里是寂静的，当你走进这扇门，就能在脑海中听到新想法转动的声音，它们所能建立的连接一定会出乎你的意料。总之，阅读就是超越简单的表象，欣赏文字的无边无际，体验自己对于未知事物的无能为力，并在最终抵达高处时明白自己的无知。如果你不阅读，那么你的世界就会很小，思想会很狭隘，获得愉悦的能力也相当有限。一位优秀的读者从来都不会寂寞，当孩童学会像哲学家一样对阅读的内容进行反思时，他们获得的将会是一份宝贵的财富。

通过讲故事，我们不仅能为孩童在现实与梦境之间架起一座桥梁，还能为他们铺就一条通往幻想的道路，帮助他们丰富成长过程，开启他们关于道德准则和美德的学习，让他们从这里出发，最终成为有志向和有责任感的成年人。如果我们对阅读的内容进行深度思考，那么我们便能获得具有象征意义的、社会的、历史的、地理的认知，当然，还有哲学认知。许多哲学家都利用故事来进行深入学习，这一点会在本书的第二部分得到证实。此外，如果成年人在生活中始终如一地加强学习，那么他们就会是儿童学习自主思考的优秀榜样。

也许，讲故事的方式是关键所在。大声朗读，再加上肢体语言，在儿童的幼年时期或者在儿童学会认字之后陪他们一起阅读，都是推动哲学对话的步骤。讲故事的方式包括：肢体语言、问话、循序渐进、儿童参与（问他们：你觉得接下来会发生什么？故事会怎么结束？如果你是主人公的话，会怎么做？你想生活在故事里吗？）、眼神交流，以及观察图片（如果有的话）。很久以前，在一个遥远的国度，有一个小朋友，他一边读书一边思考，一边思考一边读书。就让我们期待这个故事变成现实吧。

那么，我们该如何看待游戏呢？至今还有人认为游戏只是一种娱乐或者消遣，用来消耗多余的能量或打发时间。笔者十分反对这种还原主义观点，游戏既是学习资源，也是儿童的权利。1959年11月20日，在联合国大会通过的《儿童权利宣言》中，第七条原则明确指出："儿童应有游戏娱乐之充分机会，此种游戏与娱乐之目标应与教育之目标相同；社会与政府当局应尽力促进此项权利之享受。"游戏是一个世界性的活动，它不分年龄，对于人类的认知和情感发展非常重要，无论是个人层面还是社会层面。约翰·赫伊津哈甚至认为，文化源于游戏冲动，在其著作《游戏的人》一书中，他指出人类本质上就是"游戏的人"。赫伊津哈提出了三大要素：游戏给予的自由感，游戏将人与现实隔离，以及游戏的不同规则让游戏者可以逃离日常规则、集中注意力并感到快乐。以上便是相关的理论部分，笔者想说的是，游戏也是通往哲学思考的途径，因为它能为人的社会化以及与他人建立情感纽带奠定基础，它还能让人认识自我，促进身心发展和自我完善，推动想象力的发展，积极地了解规则，如共存规范。笔者认为，如果在游戏结束后进行适当的反思，就可以在游戏与哲学之间建立起一条十分有效的纽带。根据这个观点，分别有游戏时间和哲学时间。首先是令人愉快的游戏时间，游戏有自己的目标，让人专注于当下和当地，无须外部条件、模拟现实，孩童自愿参与其中。然后是笔者所强调的从哲学意志出发，对游戏进行反思的时间。对此，蒙田早就有所认识："儿童游戏其实不是游戏，应该被看作他们最严肃的举动。"

笔者无意引发争论，在这里借用心理学家利维·维果斯基（Lev Vygotrky）的观点：将严格意义上的生物学需求放在一旁，是社会使人们开始学习，并通过语言的出现改善了智力。记忆、感觉、注意力和思想，只有在某种特定的文化中经过社会化以后才能具有优越的属性，否则，它们将仅具有自然属性。社会交往成就了人类，而游戏，特别是集体游戏，以决定性的方式介入此过程。近期，通过游戏来学习（游戏化）被纳入一些具有创新性的教学计划，笔者认为，这在小学，甚至中学，都是正确的做法。最开始，儿童的游戏内容是毫无目的性地模拟现实，但是很快，他们就会引入象征性游戏

（在他们有效地掌握语言时），紧接着就是社交游戏（那时，他们的行动目的是在别人的帮助下取得一定的成果）。显然，在这里，笔者无法给出适应不同年龄段儿童的不同游戏类型，但是，笔者想强调，游戏能够引发思考，并且它完全适用于我们希望对儿童进行的哲学训练。举个例子，让我们想象送给一名6岁小孩一个包装精美的系着蝴蝶结的空鞋盒。盒子是空的，只是一个容器。现在，我们给他提出一个挑战：他必须说出空盒子的20种用途，才能得到礼物。这个游戏可以让他积极发挥创造性去解决问题并获得礼物。同样，我们也可以要求他说出会用到空盒子的职业有哪些。

如果我们能让游戏发挥反思作用，那么我们就能最大限度地利用它的潜力，比如它在哲学方面的潜力。在上一段的游戏范例中，我们可以让孩子描述他的感受，以及产生该感受的原因。游戏不仅能发展孩童的心理运动能力，对于他们心理结构的发展也起着重要作用，因为游戏能让孩童：获得新体验，既有失误也有成功；解决问题，发掘自我和他人；探索世界，发展同理心、想象力和创造性；以及丰富语言。让我们和孩子还有学生一起玩游戏吧，让我们尽力帮助所有人取得积极的结果！

在进入第三种资源之前，笔者想谈谈小组动力。蒙特塞拉特·帕洛默（Montserrat Palomer）和安娜·维吉尔（Anna Virgilio）将小组动力定义为"应用于小组工作的一套方法和程序，可使工作更有效，激发小组的行动力和运行以实现小组目标"。此外，她们还写道：

> 小组动力能在组员之间建立起更深层次的关系，并通过自由表达促进个人和对他人态度的发展，因为组员可以谈论禁忌话题和进行令他们感兴趣的交流，由此抛开对他人的防御机制，摆脱社交面具和礼仪的束缚。小组动力是人类关系的一种表达形式，让组员在小组内获得进步的同时，发现和体会全新的情绪（包括隐藏情绪和未开发的情绪）；开启自尊、宽容和尊重他人的正面感受。

至于艺术资源，我们必须维护艺术——尤其是绘画，当然，还有音乐，以及其他任何艺术形式——和它与培养儿童哲学思维之间的联系。众所周知，美学，即关于美的理论，从一开始便是一个哲学分支学科。这里，我们便不再回顾哲学家们关于美学的思考了。然而，无论是在学校还是在家，艺术都或多或少地被系统性地摆放在角落的位置，虽然艺术会使人愉悦，但是它的具体益处还有待商榷。在人们的意识中，似乎只有能起到具体作用的领域或学习才是重要的，而艺术或哲学教育是一种社会"奢侈品"，人们并不会优先考虑。笔者显然不赞同这个论断。并且，更荒谬的是，有人声称艺术与最复杂的思想形式无关，他们认为艺术就是做手工，太过情绪化,不够"严肃"。遗憾的是,这样一个源自偏见的观点会在社会上和校园里传播。艺术其实也是一门语言,只是和语言学意义上的语言或者数学语言不同。掌握越多的语言种类,生命就会越丰富、越有深度,任何具有一定常识的人都不会怀疑这一点。如今我们知道,人们有不同的认知方式,并且有些人与世界建立关系更偏向于使用语言,而另一些人则是以非语言的方式。在下文中我们会更深入地分析多元智能,现在笔者只是想指出一个事实,那就是,孩子们有一百种语言,但是学校会使其减少到只剩一种。借用意大利教育家洛里斯·马拉古齐(Loris Malaguzzi)的话来说,就是"学校和文化将孩子们的大脑与身体分开,教育他们在思考时不动手,在行动时不动脑,只能倾听不能说话,毫无喜悦地学习"。

因此,我们必须维护艺术并将它作为培养哲学思维的资源之一。艺术比其他任何一扇窗户都更能解决问题并激发想象力!并且,它还能让孩童接受美学教育,学会欣赏美。笔者觉得欣赏美是歌颂生命及其多样性的最佳方式,但笔者并不认为美必须符合特定的规范,必须达到某种比例或和谐的状态。这是对混沌之美、不规则之美和不完整之美的轻视。既有直率之美,也有精致之美;既有宁静之美,也有狂怒之美。有一些美蜷缩在老人的皱纹深处,还有一些美藏在宝宝身体上堆起来的小胖肉里。既有非凡之美,也有日常之美;既有衰败之美,也有青春之美。美是让我们感动的事物,无论它的外在如何。美的对立面不是丑，而是冷酷地蔑视自己所不赞同的事物。被世界蚕食的微笑是美丽的，因为笔者凭直觉认为，美不在于被钦佩，而在于感知美的眼神和心灵的纯粹。美就在看到美的眼神中，在听到美的耳朵里，那里是五官难以企及之处，是赞美之情栖息的地方！所以，我们必须要将艺术列入儿童哲学的教学资源中。

让我们一起来看看下面这个例子。让我们想象给孩子展示一幅世界名画：达·芬奇的《蒙娜丽莎》。根据孩子的年龄，我们可以问他一些问题，比如：你喜欢这幅画吗？为什么？你觉得艺术家喜欢这个女人吗？为什么？你觉得她在微笑吗？你可以想象一下是什么原因让这个女人微微一笑呢？你在什么时候会露出这样的微笑？你能通过改变这幅画的背景和主人公的衣服或发型来描绘一个更现代的人吗？你把她想象成什么样呢？把她画下来吧。你能给《蒙娜丽莎》另取一个名字吗？如果要你给这幅画配乐，你会配什么乐曲？请你把画的主人公想象成某个故事的主角，她适合怎样的故事呢？故事的情节会是什么样的？请你试着模仿她的姿势拍张照片，你模仿得像吗？

现在，笔者想问各位父母和教育工作者，通过上面的例子，你们觉得艺术足以提供批判性和创造性思维吗？我们的孩子天生具有理智和情感，但只有我们这些他们的身边人能帮助他们获得理性与感性。笔者确信，你们已经明白自己有这样的能力。

04

有哲学智能一说吗

从本节开始，笔者将具体谈谈哲学教育课程。首先，教育是爱，并且优先去爱那些信任我们的人。简言之，爱就是用最好的自己为他人的成长服务。爱意味着共同探索由我们建立起的纽带，互相信任，在拥有自由的同时也肩负责任，打开全新的视角，享受世界呈现给人类理解力的宝藏，这都得益于人类拥有思想和情感。在哲学教育课程中，有一些针对风险所建立的限制，并且，在发展学习者的自主性时，该课程与学习者的纽带可以是很灵活的。懂得及时抽身，让学习者从失败中有所收获，也是爱。爱是巩固学习者的胜利果实，懂得在必要时出手相助，在非必要时放手。爱是快乐，是共情，是出于对团结合作的信任将脆弱转化为坚强。教育是例子也是反例，是与冷漠背道而驰，向着温暖前进，维护共存的多样性！没错，这就是爱。爱是帮助他人——特别是孩童——创造自由，他们必须逐渐脱离依赖的阶段，慢慢获得具有批判性、创造性与审慎的思维，以建立自主性的基础，并在世界上发挥积极作用。

儿童天生就有智力基因，不过，今天我们知道，智力还基于大脑的可塑性，这使得智力可以被训练和改善。人们会从环境中获取、操作和表达信息以在特定的文化框架和大脑区域中解决问题，据此，美国教育心理学家霍华德·加德纳（Howard Gardner）在1998年提出，智能可以被分为七种不同的类型：语言智能、数理逻辑智能、音乐智能、空间智能、动觉智能、人际智能和内省智能。在这里，我们就不做具体分析了。几年以后，加德纳加上了第八种智能，即自然观察智能（理解人类与地球上的动植物之间的关系）和第九种智能，即存在智能。加德纳认为，存在智能是对生死、现实、真理、善等命题的思考和理解。

大概有两扇窗与存在智能的特点相对应：哲学和宗教——前者基于思考，后者基于启示。我们面对的是人类几百年以来一直试图回答的重大哲学问题，那就是"哲学智能"，当它专注于反思时，就涵盖了内省智能（旨在认识自我）和人际智能（旨在认识他人）的特点。

然而，对于加德纳的理论，笔者并不完全认同。如果我们每个人生来就具备特定的条件，那么在我们天生不擅长的智能类型上下苦功其实是在浪费时间。这正是笔者在本节想要说明的问题。为所有儿童提供哲学教育并发展他们的哲学智能不是在浪费时间，因为所有人都拥有这一基本智能。理解智能的可教育性至关重要，这不是在"天选之人"中培养小哲学家，而是发展智能中的哲学部分，将它视为一套技能，通过重复与合适的训练就能得到提高。这就是为什么笔者更倾向于谈论人类智能的哲学领域，因为在笔者看来，所有人，无论老幼，都不得不在生命中的某个时刻了解它。关于这个话题，笔者想提出以下问题：哲学为什么没有出现在生命的最终时刻？哲学为什么没有出现在灾难面前？哲学为什么没有出现在成瘾者的心里？哲学为什么没有出现在政治和经济管理中？根据笔者的理解，这是因为哲学是一种生活方式。

为了培养哲学智能，儿童有必要学习思考、自省、对话、总结，以及用具有批判性和创造性的态度应对日常问题。简言之，就是在生命中不断反思，尽可能地践行苏格拉底的格言：未经审视的人生不值得过。这种哲学研究就是找到——通过理性的发现而不是外在的启示——我们行动的意义所在，其旨在了解最新的现实发展，建立自己的价值观和理想等级，寻找能让我们在世界上多样共存的世界观，以及体验快乐、神秘和惊奇。那么，我们成年人可以为儿童做些什么呢？

也许，答案就在哲学智能所要求的反思之中。反思要求某些时刻的独处，能正确处理沉默，对美学的欣赏和赞美，注重身体健康，进行对话、沉思，并学习宽容和团结。

如果仔细思考的话，我们可能会发现，要在世界上推行这种反思方式是十分困难的，因为我们的世界对沉默、孤独和慢节奏怀有恐惧，几乎强制性地用喧闹、人群和快节奏与之抗衡，这种"行动主义"留给人们很少的时间去认真享受。

那么，哲学能对我们的孩子或学生有何作用呢？也许哲学扩展了科学无法触及的问题世界。例如，科学研究的是如何保持健康，而对于健康是否是获得快乐的前提不予讨论。哲学将伟大与渺小、有限与无限、宇宙与混沌、相对与绝对相连，使人类理性变得更加完美。

总之，按照一部分人的看法，哲学没有任何"实际"用途，他们自认为已经获得了全部答案，却不知道唯有无知者才能无所不知，因为他们不了解世界有多大，还想着没什么可学习的了！也许，笔者应该引用苏格拉底的那句名言："我只知道自己一无所知。"也许哲学在学习之外用途甚少，不过，如果哲学不复存在的话，那么学习也就没什么用了！

所有孩童都会提出例如"我是什么？世界为什么存在？我们为什么会死？有命运一说吗？"等基本问题。类似的问题还有很多，作为他们身边的成年人，我们都记得这些问题曾让我们困惑不已，面对孩子们热切期待的模样，我们却无法给出一个肯定的答案。在游戏、神话故事和提问中，孩童会逐渐确定方向，指引自己去寻找意义。哲学智能是人类大脑的高级功能，和语言功能十分相近，笔者确信，总有一天人们会在大脑中找到能够解释哲学智能的神经位置所在。

那么，我们需要的是懂得打开这扇窗——当然，还有其他所有窗户——的教育方式，从严格意义上舍弃任何功利或劳动目的，否则将很难获得圆满，或者至少很难意识到圆满往往是不稳定的，是一个无法永久存在的阶段。

05

哲学对话是一种艺术吗

笔者之所以建议父母和教育工作者与儿童进行哲学对话，是因为据笔者所知，这是让儿童学习哲学的最佳方式。首先，让我们自问，我们学的是什么？更准确地说，我们如何学习？西班牙神经学教授弗朗西斯科·莫拉（Francisco Mora）认为，我们学习的是那些令我们赞叹、惊奇、着迷、受到吸引和感觉意外的事物，或者那些使我们感到茫然、忧虑、不安或伤心的事物。我们学习忘掉所学，再重新学习。在面对无理行为或冲突时，我们学习用激情、理性和好奇心来了解什么可以为我们提供帮助。我们在问题中学习，在无知的黑暗中学习，待到光明出现之时，黑暗就会消失。只要有学习的必要，我们就会用心去记忆，连常规事物也不例外。我们总是从自身出发，向他人学习，也和他人一起学习。每个人都会根据自身需求来学习，并且忘掉对自己没用的那部分知识。我们会根据自身能力和所学，学习用不同的语言表达自己的学习成果，赋予其意义。一些人学习词汇，另一些人学习手势，还有一些人学习声音，甚至沉默。我们学习用新知识的线织网，这样它们就不会丢失。我们通过教育、展示、行动、设计、创造、思考和关心我们所热爱和担忧的事物来学习。我们按需学习必要之事，其他的一切都可以忘记。但是，我们必须一直学习对自己来说有价值的东西。我们在任何时间、任何地点都可以学习，向所有人、在所有情况中学习，只有走到人生尽头之时，才是我们的学习结束之时，也是人们为我们写下墓志铭之时，而那已然不在我们的学习范围内了！因此，孔子所言不无道理——"学而不思则罔，思而不学则殆"。

如果这就是学习，而人类是社会性动物，那么很明显，我们大部分所学都是从他人那里学习来的。人必须学会进行哲学对话，为此，我们需要将对话和聊天或辩论区分开。聊天不需要深度专注，因为它没有明确的目标，只是与他人进行非正式的交流。与之相反，对话则需要完全集中注意力，因为我们要从不同的角度深入地探讨某个话题。也许对话的进展并不像科学发现那样明显，但是在对话的过程中，人们确实是在逐渐深入话题和不断地对观点进行修正的。另一方面，在辩论时，人们的注意力也是非常集中的，但是辩论会确定两个或以上的对立立场，人们的论点由此被限制住了。聊天和辩论都是社会中不可或缺的交流工具。不过，本书所探讨的话题与对话更契合。

实际上，对话是西方一位著名先哲使用的基本工具：苏格拉底曾在雅典的大街小巷散步，与路人围绕真理、公平、善恶等主题对话，试图通过这种方式发现他们观点中的谬误。苏格拉底确实让一些人感到"羞愧"，这些人本来自信满满，却最终发现自己的思想或行为存在矛盾的裂缝，然而，我们如今比以往任何时候都更需要对自己的想法和自相矛盾之处——包括在语言、思想和行动上——进行严格的审视。

这些值得尊敬的古希腊人居然教给了我们这么多东西！据说，波斯暴君居鲁士大帝（Cyrus II of Persia）面目可憎、嗜血成性，在他用武力夺取一些希腊城邦后，看到它们的城市中心广场空空荡荡，感到无比惊讶。那里既没有庙宇，也没有宫殿，更没有宗教或权力，令他十分费解！他还把原因归咎于敌人的软弱！我们都知道，空旷的广场可以让人们用对话和辩论填满，在他们离去之后，那里便会再度恢复空旷。女人和奴隶不能前往这些广场，这是它有待改进的地方。不过，在我们想要维护自由和享受生命之时，它象征着语言是我们彼此相连的唯一纽带。只有空旷之处可以成为具有多种用途的空间，只有在空白中才能行使民主，因为只有在一片空旷中，我们才能找到彼此，并毫无阻碍地凝视着对方。

古希腊人使用idiotés一词（这个词现在的含义是"笨蛋、白痴"）来称呼那些不参与政治、缺乏批判性见解以及受到明显操纵却一无所知的公民。他们说得太对了！不参与政治产生的不仅是冷漠，更是将大部分个人和集体自由交到他人手中。一些人会歪曲民主，并使其服从于毫无民主可言的经济利益，只有批判性地行使公民权才能阻止民主成为这些人的工具。我们不要忘了，权力是影响他人的能力，必须通过民主（透明、诚实、共同利益、参与……）来制衡。有些人执迷不悟，坐井观天，像老牛一样低眉顺眼地等着别人来告知事情已经完成，杜绝了一切新可能！

随着时代和环境的改变，苏格拉底式对话也有了各种变体，不过它们之间有着一些共同点，可以作为在学校开展苏格拉底式对话的出发点。笔者建议，将学生分成小组，让每组自由选择想要研究的课题——比如，故事、游戏或艺术，唯一的要求是所有组员都必须认为该课题很有意义。在选择课题时，我们可以使用投票、一致通过或随机的方式。笔者推荐使用最难的方式，即一致通过，它需要让所有参与做决定的人都达成共识。我们可以想象，在一个复杂多样的社会中，一致通过某项决策是不可能的，尤其在人口众多的情况下，但是在班级和家庭中，我们可以让孩子明白达成共识的含义，笔者对此毫不怀疑。为了学会达成共识，必须克服一些障碍。首先是孩童的抗拒心理。我们已经教会他们投票决定的方式，那么在面对不同状况时，他们会要求投票，这件事在笔者身上发生过很多次。我们要告诉他们，之所以不使用投票的方式，不仅因为我们必须达成共识，还因为投票总会产生大多数派（胜利者）和少数派（失败者），他们听到以后态度会有明显的转变。他们会以相当快的速度做出一系列笔者认为非常基本的前提假设。这样一来，我们必须看看大家的意见有哪些共同之处，将注意力放在最小公分母而不是最大公约数上。为了与别人的部分意见靠近，我们必须准备好做出一些让步。最后，我们必须尝试在提案中添加一些细节，这些细微的差别也许能够让大家的意见接近一致。整个过程虽然很长，但其中充满了交流合作，因为只有合作才能达成共识。尽管的确在有些时候某些人，甚至只有一个人，会阻止共识的达成。笔者对此也亲身经历过，那么这时，就需要这个小组或者表示异议的人对提案做出一些改动，将自己的意见包含进去。在一般情况下，共识都是可以达成的，当被问及是否所有人都同意这个决定时，通常会有一阵沉默占据教室，大家都被突然生效的魔法震惊了。因为通过共识来达成一致可以建立和加强团队关系，产生归属感，了解做出让步的价值所在，还能培养同理心，这种感受印刻在人类的基因中，是建立民主的基础。儿童对多数民主有所体会，但是民主也必须捍卫少数，因为他们是丰富的多样性所在。如果一致通过行不通的话，在进行投票表决前，也许随机选择一个人群更好。因为在随机选择中，没有人被排除在外，因为每次因随机而获益的人群都不一样（比如，我们可以说，让戴眼镜的人做决定，或者穿短袖的人做决定，长头发的人做决定……）。

共存并非易事。从定义上讲，共存就是必须放弃一部分想要的东西和接受一部分不想要但是必需的东西，这意味着对自己施加一定的暴力。正如我们所说，每个人的计划都有最大值和最小值。如果我们从最大值出发去协商，那么我们最终会伤害到别人；而如果我们在协商时出发点低于自己的最小值，那么我们就会伤害自己。因此，共存涉及让步和融入，总会有些不和谐之处，冲突就是共存链中的一环。将情感加入共存中可以极大地促进这种由最小值组成的平衡。如果有情感的存在，那么当他人不开心的时候，你也不会开心，这样一来，他人的最小值就变成了我们自己的最小值。那最大值呢？它常常在每个人的内心麻痹公平地存在，在那里共存不是一件美好的事，也不会受到与他人冲突的影响。

什么可以成为对话的推动力呢？对话可以通过提问开始，以探索某个话题的局限性。例如，如果学生们选择惩罚这个话题，那么我们可以问："惩罚会是不公平的吗？"所有参与对话的人都有与惩罚相关的经验，对于公平，他们可能有自己的看法。肯定会有人举例和举反例来说明这个问题。同样，在对话的发展过程中，对于参与者所使用的概念，他们应该提供其定义。由此，很容易出现关于我们所理解的惩罚和公平的定义。只有通过对各种概念的彻底分析和检验，我们才能更深入地寻求答案。诚然，这个答案并非定论，因为它只是对话参与者思考的成果。如果由另一些人参与对话,那么观点和探究结果也许都会不一样。

我们还必须说明的是,在有儿童参与的对话中,协调者或领导者的态度和作用十分重要。他们必须对各方观点保持中立的态度——不能牵涉自己的意见,对参与者的对话礼节则必须采取强硬的态度——直接干涉。也就是说,他们不能对孩子的观点加以指责,但是也不能对缺少论据的或假话连篇的观点放任自流。在对话开始前,大家需要共同制定对话规则,对于违反规则的观点,协调者或领导者要及时制止。我们要记住,攻击时不针对论点而是进行人身攻击是最错误的做法。回到苏格拉底,作为对话的领导者,他的态度颇具讽刺意味,可以理解为是为了保持审慎的社交距离,并专注于发现论据弱点所在的问题本身。

苏格拉底式对话的成果有哪些?比利时学者克里斯托夫·范·罗瑟姆(Christopher Van Rossem)认为,它主要有十大成果:

1. 你会感觉到自己是带着问题而不是答案去行动。
2. 你会体验到与他人一起仔细思考常见的重要问题的意义。
3. 你会认真倾听对话的内容并尝试理解。
4. 你会关注所发生的一切。
5. 你能学会正确地表达感受和复杂的想法。
6. 你会在对话中对自己态度的各个方面有所发现(包括

冲动、独白等）。

7. 你会越来越不习惯做抽象陈述，因为它无法对任何人说清任何问题。

8. 你会获得对研究的敏感性（其中包括耐心、专注、谦虚等）。

9. 你会感受到人与人之间的观点差异，在专注个人研究课题的同时，学习处理这些观点。

10. 你会读到关于自己所用概念的不同解读。

进行哲学对话并不容易，因为这意味着达成共识与合作；懂得在遇到无法整合的反对意见时质疑自己的观点；给自己时间聆听并权衡他人的论点和观点，以将其融入共同的目标中，使其接近比个人真理更深刻的真理。由此，对话就变成了一种无法传授的实践艺术。它涉及人的感觉和情感，而不仅仅是思想。对于习惯倾听和重复的孩童，以及习惯传输信息和全权掌握所教内容的老师与家长来说，进行哲学对话还是有一定困难的。然而，如果我们想建立"希腊城市广场式的"民主，那我们只能与公民合作，而男孩和女孩们从小就是公民，他们可以做到批判性地参与。苏格拉底式对话是达到这一目标的好方法，尤其在学校里，在家里也一样。

06

存在关怀性思维吗

面对当今世界带给他们的挑战，我们的孩子需要从小就做出具有批判性和创造性的回答，不过，他们也必须将道德观建立在一定价值观——世界需要公民去学习以促进多元共存——的基础上。因此，我们必须将思维的第三个方面纳入考虑和训练范围，那就是关怀性思维。关怀性思维就是那些从价值观角度出发负责纠正我们想法的思维，它也在思想、言语和行动之间起到积极的作用。美国哲学家和教育家约翰·杜威认为，关怀性思维重视所拥有的东西，并运用强烈的情感做出评估判断。李普曼认为，关怀性思维是积极的、懂得欣赏的、规范性的、动人的和具有同理心的。有一些理由不构成动机，情感也不仅仅是生理冲动。要决定自己喜欢什么，讨厌什么，该做出什么反应，我们必须要有判断力，判断力可以被理解成是思维的调查结果。这种思维确立了我们值得维护的东西，并为此发展了同理心，以及设身处地、换位思考和将心比心的能力，以使自己在判断中尽量做到更加公正。

我们要如何培养关怀性思维呢？本书之前谈及的多种资源——对话、故事、游戏、艺术——也许也能为训练关怀性思维所用。我们需要用合适的问题加以配合：你觉得他有什么感受？如果你处在他的位置，你会怎么做？你能怎么帮助他呢？关怀性思维必须看到他人的不同之处和特点、环境的差异，以及任何有价值的东西。关怀性思维可以让孩童将他人看作是独一无二的人，他的个人经历与社会紧密相连。关怀性思维让孩童提前做好行动准备，为其提供行为准则，以及维持其个人信念的价值观基础。关怀性思维是与情绪关系最密切的思维种类，因为它通过尊重、同情和欣赏等方式来维系各种意图和情感。简言之，关怀性思维就是他人在我们内心发出的声音！

接下来，我们谈谈哲学对于行动的影响。哲学家小孩不仅应该参加研究社团，还要参加很多其他的活动，这一点毋庸置疑。哲学不能只是一种理论工具，当一项行动需要考虑背景时，哲学也应该成为该项行动的指南，并且不能保持中立。孩童不是半个公民，他们是法律规定的公民。目前为止，我们一直在谈论哲学在进行理性和感性教育以及培养判断和分析能力等方面的潜力。如果关怀性思维不能推动人们去解决不公，找出冲突的根源所在并与之抗争，那它就毫无意义。需要说明的是，笔者的提议并非只是让孩童学会进行符合逻辑的、有批判性的思考，还在于让学校、家庭和城市都能给予孩童实践和发展的空间。应该设有能让孩童进行高质量参与的开放区域，以提高孩童的能力并扩大他们的舒适圈。正如笔者在上文引用保罗·弗莱雷时所说，学习源自热爱，热爱意味着关注和改善现实。美国心理学教授罗杰·哈特（Roger Hart）认为，高质量地参与旨在跨越被掌控和听从指示的阶段，让儿童能够真正地参与进来。意大利教育心理学家弗朗切斯科·托努奇（Francesco Tonucci）在《儿童之城》一书中阐述了儿童之城这个与书同名的项目，并且，后来他也在罗马实践了这个项目，就让我们以此为例。托努奇建议：将城市归还给孩童，让他们感受到环境的友好；通过创建一个儿童理事会，将话语权交给儿童，行政机关需要倾听并考虑儿童理事会的意见；重新思考城市规划，以使其适合孩童居住，不把要求儿童"表现好"（即保持安静）的场所摆在优先地位；建设儿童乐园，让孩子获得全新的体验，不过分强调"安全"的首要地位；限制车辆成为街道生活的主角；让社区生活终结购物中心作为"聚会场所"的霸权地位。孩童必须行使自己的权利和义务，这意味着逐渐赋予他们自主决策权，允许他们探索位于自己舒适圈之外的安全区域，让他们能够冒着犯错的风险去做决定。只有这样他们才能学会参与和扩大舒适圈。

规避风险有时只会降低成长和学习的可能性，在这个世界上，如果不采取主动，就无法为生命掌舵。笔者在本书中所维护的哲学家小孩不是静止的和充满神秘感的，或者坐在海边的岩石上思考宇宙——尽管这样做也没什么不好。笔者所认为的哲学家小孩充满了斗争和反抗的精神，他们会在做选择前先思考，热衷于改变不公，愿意从错误中学习。哲学家小孩是对现实具有批判性、创造性、关怀性思维并积极参与的人。

哲学家小孩应该相信世界可以变好，并且他们有改变世界的真实可能性。大家还记得皮格马利翁的故事吗？他是希腊神话中的雕塑家，技艺高超，有坚忍不拔的精神。他决定按照自己的理想雕刻出一位美丽善良的女性。为此，他夜以继日地工作，几乎以丢失健康为代价，只为完善所有细节。雕像完成后，他发现它是如此优秀和出色，便爱上了它，尽管他知道这份爱不可能有结果。他总是无比深情地凝望着它，但却没有收到任何回应，他还从冰冷的石头上读出了不悦，因此流下了痛苦的泪水。他的悲伤与坚持让爱情女神阿佛洛狄忒心生怜悯，为那件雕像赋予了生命，把它变成了一个光彩照人的少女，让皮格马利翁用无尽的爱意去呵护她。

皮格马利翁效应由此得名，我们应该对此有所了解。和皮格马利翁一样，如果我们坚信自己能够应对各种挑战，那么就一定会为之努力，并取得成果！如果我们认为自己能够做到，那么我们就会为此而付诸行动，专心清除一切阻碍，增强达成目标的可能性。同样，如果我们没有这样的信心，那就是在放弃自己。所以，我们必须相信自己和他人，因为我们是自己计划的雕塑家。儿童也因此而需要自己身边成年人的信任。

为了让大家了解关怀性思维是如何在实践中发挥作用的，笔者想跟各位分享一个自己的亲身经历。

一天早上，一位父亲送女儿来上学。小女孩的书包里装着"一条龙"，比她爸爸的公文包还要大，几乎跟她个头儿差不多。他俩牵着手，女儿望着父亲。父亲是如此高大强壮，像大山一样坚不可摧。他可靠的大手握住女儿的小手，就像保护人类的神明那样。小女孩说着昨晚的梦境，父亲倾听着。父亲的智慧是无可争议的，他知道今天女儿将获得全新的知识和能力，让她变得更强大更亲切。小女孩再次看了看爸爸，眼神中盛满了爱意。父亲温柔地整了整公文包，一丝担忧略过他的面容。他心想，也许女儿稚嫩的肩膀背负了太多重量了，她还没到体验生命之重的年纪。他们到了学校门口，小女孩向等她的小伙伴使劲儿招手。父亲温柔地屈膝，平视女儿的双眼，小女孩从父亲的眼神里看出自己是他的宝贝，她的手里握着父亲一辈子的快乐，她紧紧地拥抱了父亲。父亲一边走，一边感慨女儿成长得太快，他深知时间会将女儿这一刻温柔的注视变成记忆。他把女儿挂在心间，尽管凉风习习，男人却因女儿给予的温暖而笑容满面。

从上面这个例子可以看出，情感是可以教育的。家庭为孩童奠定情感发展的基础，孩童在成长过程中，通过与其他成年人和孩子建立各种关系来逐渐扩大情感基础。他们的生活经历会越来越丰富，慢慢地，他们将能够为他人考虑。他人一词会强行出现，孩童会在充满情感的安全环境中，并在没有过度保护的情况下接受教育，学习能使不同人共存的价值观，由此逐渐获得关怀性思维。

笔者在此奉上理解他人需要具备的十条准则——理解他人就好比是一段多种乐器合奏的旋律，几乎可以被称作交响曲！

1. 和平接近他人的好奇心。

2. 共情能力，做到换位思考。

3. 耐心观察事情发展的过程。

4. 同情心，以衡量人类共有的脆弱性。

5. 真诚，以对抗虚假的表象。

6. 理性，以理解各种原因。

7. 公正评估各种选择。

8. 直面恐惧的力量。

9. 避免刻板印象。

10. 敏感性，用来原谅别人的不合时宜！

笔者经常把生命想象成一个拼图游戏，我们需要从幼年开始花时间去各处搜集拼图块。每一片拼图块都很重要，它们决定了最终我们能拼成怎样的图案。最终图案会因全新拼图块的出现而发生变化，并在很大程度上受到我们自由决策的影响。和其他游戏一样，在拼图游戏中也有不同的策略。有人梦想着积攒很多拼图块，有人认为必须通过竞争获得最大的拼图块——实际上，小的拼图块往往才是关键，例如一个微笑或一双援助之手，还有人甚至冒险去偷别人的拼图块。一些人在看到别人的拼图时将自己的拼图块慷慨送出，还有一些人用开放的方式进行游戏，不参与竞争，而是共享拼图块，努力与他人共同完成一幅作品。笔者既见过珍惜每一片拼图的懂得感恩之人，也见过背信弃义的投机者哄抬拼图块的价格；既见过想把拼图块锁入保险柜的自私自利之人，也见过对世界完全信任、对拼图块丝毫不加看管之人。笔者有幸认识分发拼图块的男人和女人，他们确信自己无须拥有很多，以给予为乐。笔者还见过一些善良之人，他们注意到应该将拼图块赠予弱者、病患和无家可归之人，他们曾告诉笔者，放置第一片和最后一片拼图需要一种特别的、近乎艺术的敏感性，因为人们在第一片的基础上建造未来，用最后一片为过去画下句点，打开回忆之门。笔者对他们表示由衷的敬佩和感谢！他们所拥有的就是我们所说的关怀性思维。

作为思维的其中一个维度，关怀性思维与各种感觉和情感直接相连。关怀性思维是关乎他人的思维，将他人引入我们言行后果的方程式。当我们扪心自问自己的言行会对他人造成怎样的影响时，关怀性思维就会直接现身。关怀性思维是所有道德观和同理心的基础，它出现在父母的关心中，也出现在任何以服务他人为宗旨的职业中。关怀性思维意味着将他人视作与自己相同的人类。当别人直视我们的双眼并询问我们是否需要帮助时，当我们对他人的痛苦表示同情，或者对他人的成果表示赞赏时，就是关怀性思维出现之时。与此相反，关怀性思维会因利己主义、冷漠和残酷而消失。人们可以从具体事例中学习关怀性思维，那时镜像神经元会发挥作用。关怀性思维属于好人，它始终专注于发展人类的同情心，并力求确保人类的友好共存。确实，关怀性思维不是建立在伟大演说或英雄事迹的基础上，它时常出现在低调的亲善行为或基本礼貌中。它让我们脱离自我，那个利己主义总试图将我们带去的具有攻击性和令人窒息的自我。最终，关怀性思维会以我们的身体为媒介经常出现：一个拥抱、一次握手、一个吻、一次抚摸、一个简单的眼神交换、一个微笑。让我们尽可能地帮助孩子去获得关怀性思维吧，因为构成圆满的细线就深藏其中！

07
怎样借助图片来评估思维

本书一直在试图定义的哲学家小孩必须在一生中进行多次评估。首先，评估不仅是打分——以学校为例，评估也是在做决策之前权衡利弊与优缺点。哲学也可以让哲学家小孩更容易发现对自身存在有益的方面。我们处在系统性怀疑的范围内，在未经证实和思索（独自或和他人一起）前都持保留意见，这已然是一种评估方式。当我们听见一个孩子问"你怎么知道？"的时候，他就是在做评估。

在这里，笔者想强调男孩和女孩们学习比喻的重要性。也许，大多数人会觉得比喻是少部分学者的专长，和日常生活无关。假如果真如此的话，那么笔者认为他们都搞错了，因为我们的思维系统就具有深刻的比喻特征。确实，在一天的大部分时间，我们都遵循一些自主生成的准则，但是，停下来想一想，我们的日常用语离不开比喻。比如，美国认知语言学家乔治·莱考夫（George Lakoff）说，在我们的文化里，争论是一场战争，因为我们所提出的论据要么有弱点，要么坚不可摧，这决定了我们的输赢。

让我们想象一下，假如我们的文化把争论当作一场舞蹈，不用进攻或防守，没有胜负……这不仅是一个语言问题，思维本身就是极具比喻性质的。因此，很多表达我们一点儿也不觉得奇怪，比如"像一只迷路的羔羊""当头一棒""今天是灰色的一天"。意识到对比喻手法的使用，并用比喻来评估和分享思维，在笔者看来是对孩子进行哲学教育的益处之一。如果他们学会发现语言中的比喻，学会评估使用比喻的合适时机，他们就将学会从不同的视角看世界。因为在有些时候，比喻手法十分合适。

笔者给大家举个例子。我们可以把文化比作一个工具箱。在这个箱子里，我们也许能找到描绘世界的画笔，有时我们用热烈积极的颜色，有时却用悲伤灰暗的色调。箱子里也有锤子，用来钉上敏锐的想法，这想法也许会突然给我们一张远行的车票，去畅想其他的生活。而螺丝刀会旋松偏见和刻板印象，并将其撬起，留下一个洞作为提醒。我们会找到锯子，修剪多余的部分，再根据我们缺少的部分量身定做，将零散的想法完美嵌入。刷子可以修饰性格中的粗暴，让一些意见听起来不那么尖锐。镊子拔出被虫蛀了的根，让枝叶重新发芽。扳手把观点调整为凸件和凹件的尺寸，并在内容丰富的对话中加强这些观点。锉刀是独一无二的,它藏身于知识的海洋中,骗过了传统的守卫,让人们保有希望,阻拦享受自由的棍棒会被锉刀侵蚀。那自由永远都将是战绩和诱惑!

以培养语言的比喻功能以及评估论据为目的,笔者想跟大家谈一谈图片类比评估法。这类评估方式建议我们用图片来体现抽象的概念,因为我们可以为每幅图片建立比喻并赋予其不同的意义。这样一来,比如我们可以想象自己想要评估一段对话过程中产生的秩序或混乱。我们可以利用乐高拼图,其标准就在于所有拼图和发言都可以是有序或无序的。假如我们提供四张图片,分别是:一组完全打乱的乐高,一组部分拼好的乐高,一组基本拼好的乐高和一组拼出了完整造型的乐高,比如一个人或者一座城堡,然后我们借此去问孩子们与秩序有关的问题,那么我们培养的既是他们解读比喻的能力,也是他们评估现实的能力。

对于幼童来说,我们可以从很简单的比喻着手,比如红绿灯或表情符号。问问他们有没有做不该做的事,或者他们有何体会,并借助图片来进行解释。对于年纪较长的学生或儿童,我们可以让他们用这样的四张图片来评估自己的进步:木梯、石梯、电动扶梯和铺了地毯的楼梯。通过这些图片,我们可以弄清孩童想要表达的内容,或者留给他们发表意见的空间。

08
小　结

本书旨在探讨哲学成为对儿童有价值的教学和学习工具的可能性，在这里，相比哲学的认知功能，我们更侧重于将它看作一种态度和方法。教学是一项艰巨的任务，因为孩童不是机器，没有操作说明可供参考，也不存在能将教学变容易的魔药。我们只能冒着犯错或疏忽的风险，秉持将教学做到最好的意愿。

正如前文所述，笔者坚信，让儿童接触哲学，有助于将他们培养成为21世纪民主所要求的具有批判性和创造性的谨慎公民。此外，学习哲学有助于儿童控制感情冲动，增强他们的自主性，让他们的生命更加充实，激励他们积极争取并实现自身价值。说实话，没有人能阻止孩子犯错，但他们可以从错误中学习。我们不要自欺欺人，也不要太过奢求。思想、言语和行动之间的连贯是一种很难到达的理想状态，不过我们可以将它看作前进的目标。或许,这种理想状态也不是那么难以实现?笔者在专业实践的过程中,认识了一些男孩和女孩,他们实现了从根本不思考到获得哲学能力的转变。他们想改变世界,对共同利益有很强的意识,对平等也有着极深的渴望。

其实,我们经常将速度和强度混为一谈,误以为生活的质量可以建立在数量的基础之上。这真是大错特错!思考永远都需要时间、安静的环境和内心的平静。重新审视意味着花时间去分析、权衡、怀疑、做决策和行动。我们的部分感官会越来越懒于进行再创造、领会和辨别,并常常固执于第一印象,而反思则会对此进行质疑。我们生活的世界吞噬了时间,并将它变成了一种价格昂贵的商品,人们得用焦虑或压力来购买。我们的身体在努力过后需要休息,我们大脑的思维功能在经历不停的刺激后需要平静。然而,我们却怀疑放空或反思是在浪费时间。让我们仔细思考这一点!在我们周围,各种电子产品无处不在,生命的深度就这样从指尖溜走。生活深度的积累需要品味,需要将每一次的经历都变成独一无二的印记。我们无法做到在马不停蹄的同时还能欣赏风景!我们的孩子必须学会停下脚步,而哲学便是治疗飞速生活的一剂解药。

笔者还想跟大家分享一段对话,这是笔者在学校里的亲身经历。在一次课后辅导中,当笔者与一对父子聊天时,儿子说了这样一句话："我想做一个成功的人。"接下来父亲的回答，尽管笔者记忆力有限，但会尝试尽可能完整地复述。

"我知道，儿子，爸爸也希望你成为一个成功的人，因为这意味着你会获得幸福，还有能力让周围的人也幸福。总的来说，我希望你能帮助他人，看清世界的复杂之处，并且对自己的所作所为问心无愧。成功就是明辨真理与谎言，了解在黑白之间还有灰色地带，并懂得将错误当成前进的基石。成功就是战胜对失败的恐惧，明白最大的失败就是不去尝试。

"此外，成功就是在你帮助自己和他人克服挑战后得到内心的满足，懂得提供和请求援助，知道自己想成为怎样的人，既不否定自己的来处，也不停止成长。

"最后，成功就是留下自己的印记，发掘对工作的热情，爱自己，也爱他人。所以，我的儿子啊，爸爸也希望你能获得成功！"

第二部分

哲学基本问题

假如我们可以与柏拉图交谈,并听他解释关于爱的完美理念,又或者与亚里士多德谈论美德,与伊壁鸠鲁谈论享乐,与塞涅卡谈论心灵的平静,与阿奎那谈论信仰和理性,与莫尔谈论乌托邦,与蒙田谈论友谊,与笛卡尔谈论方法,与斯宾诺莎谈论快乐,与卢梭谈论幸福,与莱布尼茨谈论理性主义,与尼采谈论酒神精神,与但丁谈论地狱,与释迦牟尼谈论苦难,与希帕提娅谈论星辰,那该有多奇妙啊!由此我发现,我若追寻永恒,也许就是为了能与诗人、作家、科学家和艺术家们对谈。可惜生命短暂,就好似一盏美酒,饮完即止!

毫无疑问，哲学的作用更在于提出问题，而不是寻找答案，尤其是具有绝对确定性的答案。在本书的第二部分，就让我们一起去寻找问题，西方哲学的12位杰出代表人物将带领我们进行反思。在上文中，笔者一直在捍卫儿童学习哲学的重要意义，那么，我们即将读到的12位哲学家的理论将为哲学家男孩和女孩们助一臂之力。

显然，笔者对哲学家的选择是非常主观的，如果今天再让笔者来选，很可能会大不一样。笔者虽不求能对哲学史进行论述，但是却发现，在自己挑选的12位哲学家中，仅有一名女性，而这并非因为女性哲学家很少（仅在20世纪，就有海德薇·康拉德·马蒂乌斯、埃迪特·施泰因、西蒙娜·韦伊、汉娜·阿伦特、西蒙娜·德·波伏娃、伊丽莎白·安斯康姆、阿格妮丝·赫勒、莎拉·科夫曼、玛莎·努斯鲍姆、玛丽亚·赞布拉诺等著名女性哲学家）。同样，因为笔者更了解西方哲学传统，所以仅在该范围内进行了挑选（像释迦牟尼、孔子、老子等东方哲学家，都是令人尊敬的老师啊！）。出于同样的理由，笔者也并未涉足21世纪的哲学家（例如斯拉沃热·齐泽克、尤尔根·哈贝马斯、雅克·德里达或者娜欧米·克莱因）。实在是不胜枚举！

笔者仅选择了12位哲学家来陪伴我们的孩子，达成笔者在上文中所说的发展哲学思维的目标。一方面，每个章节的标题都是笔者挑选的重点问题，笔者会先对每个哲学家的理论进行简要阐释，再将侧重点放在回答该章节的问题上。这一部分内容面向父母和教育工作者，帮助他们温习相关的哲学知识。接下来的内容需要你们邀请孩子们共同完成，大家先一起读个小故事，然后在对话指导的帮助下去打开哲学那扇窗户。除了对话指导，每个故事还分别配有游戏指导和艺术指导。

当然，在对故事和活动内容进行挑选时，笔者在心中预设了目标儿童的年龄区间。根据笔者的调查，本书第二部分的故事和活动最适合年龄在9至12岁范围内的儿童。年纪更小的儿童也可以接触哲学，这自不必说。事实上，一个人从学龄前直至老年都可以学习哲学。不过，本书的内容更适合已经有一定自主性和读写能力的孩童。笔者会在以后探索如何为年纪更小的儿童编写相关书籍。

01

柏拉图
我们的行动应该追随大脑还是心灵

> 如果把享乐和义务比作两匹拉车的骏马,那么人类便是驾驭马车的车夫。要使马车平稳地前行,车夫必须收紧烈性黑马(享乐)的缰绳,同时放松白马(义务)的缰绳,保持两匹马的步调一致。
>
> ——柏拉图

柏拉图,公元前427年出生于雅典,公元前347年于同地逝世。柏拉图是一位对后世影响极其深远的哲学家,他既是苏格拉底的学生,也是亚里士多德的老师。事实上,苏格拉底的所有哲学思想都是口头叙述的,而如今我们能对此有所了解,都要得益于柏拉图对其思想的记录,并且,我们可以从多篇对话录中看出苏格拉底对柏拉图产生的深刻影响。在哲学史上,柏拉图是最擅长教学的哲学家,他经常借由神话来阐明自己的思想。比如，在《斐德罗篇》中，就有一个关于"灵魂马车"的神话。在回答本章节的问题之前，我们先来了解一下相关的背景理论。作为理想主义的代表人物，柏拉图提出人类由身体和灵魂这两个部分组成：身体是易腐且不完美的，而灵魂是不朽且完美的。名为造物主的神用物质创造出了身体（在柏拉图之前，同为古希腊哲学家的毕达哥拉斯学派就已经涉及造物主这一概念），而与之相反的是，灵魂并非创造而生，所以它是不朽的。灵魂属于理念世界，它偶尔会滑落到某个身体里，忘记了自己的天性，这时，身体不过是将灵魂困于凡间的禁锢。因此，为了回归理念世界，回到真正的幸福中去，灵魂应记起（柏拉图将此过程称为追忆）并试图逃离身体的牢笼。为此，灵魂必须努力净化自身，这也应当是所有认知的目标，即"升华"已经堕落的部分，恢复失去的神性和智慧。由于身体遮蔽了灵魂，所以灵魂必须挣脱身体的桎梏，重新上升到理念世界。那么灵魂该怎么做呢？答案是理性地回忆坠落前的经历。

那么，就让我们通过"灵魂马车"这个神话来说一说灵魂是如何坠落的。在天上那个理念世界里，一切都是井然有序且完美无缺的。在那里，所有的灵魂都享有真正的幸福，它们周围的事物也都是不朽的。为了阐释自己的想法，柏拉图做出了这样的比喻：在理念世界里，灵魂乘着马车前进，每辆马车都配有一位车夫和一黑一白两匹骏马。

车夫象征着理性，他必须控制马车的方向，平衡两匹马的拉力，以保证马车能在理念世界不断地前行。白马既对应灵魂中易怒的部分，也对应例如品德或希望等高尚的部分——位于身体的胸腔，而黑马则对应享乐的部分，这是灵魂最难以驯服、最不洁的部分，如性欲——位于身体腹部以下的位置。保持平衡对车夫来说非常困难，尤其当黑马感觉到物质的存在，被其表面的完美所吸引，从而导致车夫迷失方向，灵魂坠落到地面，遇见一个接住它的身体。这个错误是有代价的。灵魂会遗忘自己的一部分天性，并丧失理性。这迫使灵魂必须通过追忆这个过程来恢复曾经的完美无瑕，以完成我们作为人类的使命，即获得真知，而这只有思想才能给予。

我认为柏拉图提出的理性行为和我们所说的"感性"行为之间存在着很大的冲突。其实，这两种行为是由身体的同一个部位控制的。大脑和心灵并没有如我们所幻想的那样在彼此对抗。一切都由大脑掌控。然而，人类之所以是情感的奴隶，是因为无论男女，我们都无法避免地会赋予自己的经历一些或正面或负面的意义，这的确也是事实。我们做不到无动于衷地活着，因此，在现实与期望之间，在理智与情感之间常常发生碰撞。对我来说，将感受与思想相结合无疑是最令人向往的选择。不幸的是，人类不够坚定，而本能与希冀、好与坏就像两匹力量相斥的骏马。我不会去评判这两匹马，但若能控制它们的力量，我觉得是件好事。一位优秀的车夫会拥有足够的理智来掌控生命，不过这可能是对人类思想的一大挑战。但是，哲学就是为了应对这一挑战而生的。

接下来我们要读的这个故事，你们可以把它读给自己的孩子或者学生们听。读完故事以后，你们还可以参考笔者给出的几种活动指导与他们进行互动，这些活动的部分内容是笔者根据柏拉图的理论所设计的。

※

在布莱顿路上
理查德·米德尔顿[1]

太阳慢慢升起，照亮了银装素裹的世界。昨夜这里经历了强烈的寒潮，现在当冷风吹过时，树上的雪尘便随之飘落。

睡在公路旁的流浪汉醒了，他掸了掸覆盖在身上的白雪，惊讶地坐起身。

"怎么回事！"他自言自语道，"我还以为自己躺在床上呢，结果整晚都睡在这路边的排水沟里。"

他舒展了一下四肢，又把身上的雪都弄干净了。刚站起来，冷风就让他打了个战。

---

[1] 理查德·米德尔顿（1882—1911），英国诗人、作家，主要以写作惊悚短篇小说闻名。

"还好醒来了,不然,我大概就在睡梦中冻僵了。"

他背朝群山沿着公路走起来。不一会儿,他看见一个男孩站在路中央。男孩没穿外套,他瘦弱的身影在冰冷的天气里显得更加单薄。

"如果你不着急赶路的话,让我跟你一起走上一段吧。"男孩对他说,"在这个时间走路却没有伴儿感觉太孤单了。"

流浪汉表示同意。

男孩接着说道:"八月的时候我满十八岁了,我已经在路上走了六年。"

"我昨晚在路边摔倒了,然后我就在那儿睡着了,"流浪汉说,"我没冻死真是个奇迹。"

男孩关切地望着他,问:"你怎么知道自己没有死?"

"我不明白你的意思。"流浪汉回答。

男孩声音沙哑地说道:"我流浪的时间比你久。像我们这样的人就是属于公路的。我们无法摆脱它,甚至连死后都不能。我已经在这里徘徊了六年。你觉得我还活着吗?我在马盖特[1]游泳时淹死过。后来,一个吉卜赛人用根铁棍打烂了我的头。我还像你昨晚那样冻死过两次。而且,就在这条公路上,我还被车轧死过。尽管如此,我仍然继续走着。我停不下来,就连死了也不能!我向你保证,就算我们想摆脱这条公路,

---

[1] 马盖特是英国肯特郡的一个海边小镇。

我们也办不到。"

男孩突然剧烈地咳嗽了一阵。流浪汉等他平静下来之后，说："你最好还是穿一会儿我的大衣，你咳得很厉害。"

"你什么都不明白，不是吗？"男孩愤怒地吼道。突然，男孩昏倒在地上，流浪汉将他抱在怀里。

流浪汉向身后张望，隐约看见远处有亮光，一辆车正穿过雾气静静地驶来。

等车停下后，开车的人说："我是医生，他怎么了？"下车之后，他听了听男孩费力的呼吸，诊断说："他得了肺炎，我带他去医院。如果您愿意的话，我也可以带上您。"

"我想继续走走。"流浪汉回答。

被抬上车的时候，男孩虚弱地眨了眨眼睛。

"后会有期。"他轻轻地对流浪汉说。

整个上午，流浪汉都走在半融化的雪上。正午时分，他发现了一个谷仓，里面没有人，便钻进去睡了一觉。当他醒来时，已经是晚上了。他又重新上路，在泥泞的道路上继续前进。

没过多久，一个瘦弱的身影在黑暗中向他走来。

"如果你不着急赶路的话，让我跟你一起走上一段吧。"一个熟悉的声音对他说，"在这个时间走路却没有伴儿感觉太孤单了。"

"怎么，你的肺炎治好了？"流浪汉惊呼。

"我今天早上死了。"男孩说。

💡 **对话指导**

1. 这个故事让你感到害怕吗?为什么?
2. 请你指出故事中的流浪汉何时是"用头脑"在行动,何时是"用心"在行动。
3. 想要一切顺利,单靠希望就够了吗?
4. 从男孩被医生带走,直到流浪汉再次遇见他,你觉得这期间在男孩身上发生了什么?
5. 实现一个愿望取决于什么?
6. 你觉得流浪汉疯了吗?为什么?
7. 你觉得流浪汉头脑清醒吗?为什么?
8. 你认为故事所讲的行路人的诅咒应该如何打破?
9. 请你为这个故事找到一个合理的解释。
10. 以寒冷的天气为背景对这个故事来说重要吗?两个主人公都是流浪者对这个故事来说重要吗?为什么?

💡 **游戏指导**

在读了或听了上面这个故事后,你会发现里面没有关于声音的描写。现在你设想一下可能出现在故事里的20种声音。然后,你再将这些声音分门别类,说说它们之中有哪些可以传递安全感,有哪些传递不安全感,有哪些会引人注意,又有哪些会让人害怕。

艺术指导

观察下面这两幅图片。图中是大脑脑和小心心的对话[1]，它们是驱动我们的两股力量。说说你是否同意图片所展示的中心思想。

现在，请你编写一段大脑脑和小心心之间的对话，对话内容以充满新意且与众不同为佳。

动手实践

请你把写好的对话用漫画的形式表现出来，再拿去和别人分享。

---

[1] 大脑脑与小心心的对话系列图书《我身体里的恶作剧》《我身体里的恶作剧：肠道无难事》和《我身体里的恶作剧：天生不动派》已由北京联合出版公司出版。

02

亚里士多德
我们如何辨别对错

我们是由一再重复的行为塑造而成的。
优秀不是一种行为,而是一种习惯。

——亚里士多德

亚里士多德,公元前384年出生于古希腊斯塔基拉,公元前322年在埃维亚岛逝世。他可以被称作"百科全书式的学者",因为他不仅在解剖学、天文学、经济学和动物学等科学领域做出了很大的贡献,在哲学、教育和文学等方面也有很深的造诣。和老师柏拉图不同,亚里士多德反对将理念世界和现实世界分开来看,他认为理念是感知现实的手段。公元前335年,亚里士多德在雅典创办了吕克昂学园。在第一任妻子皮蒂亚斯去世后,他与赫皮莉斯结为夫妻,他们的儿子名叫尼各马可。亚里士多德将《尼各马可伦理学》一书送给自己的儿子，这本书中的理论是回答本节问题的关键所在。

亚里士多德认为，人的身体是灵魂用来表达自己的工具。所以，我们必须同时照顾好身体和灵魂，如果身体的健康遭到损害，那么灵魂也将受到影响。不过，从性质上看，灵魂比身体更重要。

人的灵魂可以被分成两部分：理性部分和非理性部分。理性部分有两个重要作用：评估和抉择。而非理性部分则属于人类的天性，灵魂中的各种情感，特别是欲望，就来自这个部分。对于亚里士多德来说，思考的最终目标是行动。先做出正确的决定，再采取正确的行动。根据亚里士多德的理论，人类应该深入了解美德，使自己的行为合乎道德规范，并作为公民实现在社会中的和睦相处。为此，亚里士多德认为，道德观的作用不仅在于调节人与人之间的关系，它也是参与城邦政治的出发点。

因此，对于亚里士多德而言，美德是辨别善恶的根本。美德是可以让人达到至善的行为标准，至善即幸福，而幸福是我们生存和行动的意义所在。只有理性的行为才能与真正的人类天性保持一致。所以，在享乐、金钱或名望中寻找幸福是徒劳的。幸福就是完满地表现美德和做善事。这不单是一种理论上的考虑，更应该被付诸行动，在生命中理性行事。我们不仅需要学习理论，更要养成行善的好习惯。长期坚持下来的好习惯最终会变成幸福之人自有天性的一部分。事实上，在人类天性中本没有美德的存在，仅具备一些简单的条件，但是这些先天条件只需通过恰当的教育便能成为美德。然而，寻找幸福需要拥有一定的经济基础，而亚里士多德并没有将农民、奴隶、女性、孩童等达不到这样条件的人群考虑进去。贫苦之人忙于生计，他们根本没有时间去思考幸福这个问题。

那么，被亚里士多德称为至善的幸福是什么呢？基本上，它是行动、思考和参与公民生活的融合。根据《修辞学》第一卷的第五章和第六章，我们需要重点指出的是，上述定义包含以下部分：自由、友谊、富裕、子女健康、个人健康、拥有自主权的老年、美德以及社会认同。亚里士多德无意将此列表穷尽，但我们可以从中发现，他明确表示了一个人仅凭自己是无法幸福的。一个人的灵魂，如果既不属于公民的范围，也没有运用理性，那么，他是无法成功获得幸福的。理性定义了人类最深层的天性，是人类最强大的功能。因此，根据亚里士多德的理论，幸福是在由理性引导的道德实践中缓慢地建造完满的生命。只有在为上述前提服务时，所有物质上的富足才有其意义。过度的物质丰富可能会成为获得幸福的阻碍。所有的荣誉和快乐本身并非目的，它们只是通往幸福的途径，如果我们在寻找幸福的过程中，忘却了它们的工具属性，那么它们也可能成为一种阻碍。

至此，关于本章节的问题——如何辨别对错，我们已经有了答案。亚里士多德认为，我们必须使用理性去辨别必要和多余的"中间点"在哪里。过度和缺乏是不道德的两种极端，懂得平衡两端才有可能实现美德和完满。这个中间点不是人为商议出来的，它是理性所在的位置，理性能够控制欲望——无论它是向过度还是缺乏倾斜，以及行动的决心。比如，懦弱和鲁莽是两个极端，这时理性就是最好的行动指导，它可以让人既不被恐惧控制，也不藐视恐惧。一旦界定出最佳的中间点，就需要开始行动，并长期培养这个习惯。知道什么是善还不够，付诸行动很重要，因为欲望的力量时常显现，而我们必须使它臣服于理性。在亚里士多德看来，这种对抗并非只有英雄才能做到，除了那些被他排除的人群，其他任何人都能做到。人人都可以长期运用理性来对抗欲望，不再因自己的行为感到后悔或自责。理性是灵魂之舟的船长，灵魂信任理性的决定，因为有教养、有道德的理性是谨慎的，它知道真理的位置所在。

　　对真理的认知和谨慎的行为最终会成为硬币的两面，完善我们的各种决定。如果我们选择跟随理性，那么我们也许会犯错，但绝不会为自己的决定感到懊恼或产生负罪感。

　　正如亚里士多德将人类的幸福划定在与他人一起行使公民权的范围内，他也认为社会美德的制高点就是正义，正义绝不是孑然独行的。亚里士多德说，正义会给自由平等的公民以"财产、利益和收入"。由于在现实范畴中，平等是一个颇有争议的话题，所以亚里士多德提出一点补充，那就是要用友谊来协调正义。考虑到现实可能会无情地施加各种不平等条件，友谊是一种可以修改正义的公平。而当平衡被打破，则需要通过法律加以干涉，来重新恢复平衡。

古希腊人把友谊视为情感纽带，假如没有友谊，那么以上这些都无法实现。对亚里士多德而言，一个具有美德的人，不仅会在自己顺遂之时与他人联系，并且从不企图利用他人，还会发自内心地欣赏自己和承认他人日渐完美的自我价值。一个不爱自己的人，也无法爱别人。一个不了解自己长处的人，也无法了解别人的长处。即使要放弃自我，首先也要了解自我。

接下来我们要读的这个故事，你们可以把它读给自己的孩子或者学生们听。读完故事以后，你们还可以参考笔者给出的几种活动指导与他们进行互动，这些活动的部分内容是笔者根据亚里士多德的理论所设计的。我们将着力于分析自我欺骗和固执己见这两点对培养美德所形成的阻碍。

✻

六位失明智者与大象的故事

很久以前，在古印度有六位失明的智者。他们想通过研究大象来开阔眼界，为此，他们决定用触摸的方式来"观察"

和想象大象的外形。

第一位智者刚靠近大象,就撞到了大象宽大结实的身躯,他立刻大叫道:"我的上帝啊!大象很像一堵墙!"

第二位智者摸了摸象牙,大声说:"噢!我摸到了一个光滑的圆锥状物。我觉得,大象这种神奇的生物显然跟长矛很像。"

第三位智者抓起了大象的鼻子,象鼻在他手中卷曲了起来。于是,他大胆地推测道:"依我看——(他顿了顿说)大象和蛇一模一样。"

第四位智者等不及了,壮着胆子碰到了大象的耳朵,然后说道:"再盲的人也能看出大象和扇子一模一样,我看谁能反驳。"

第五位智者抓住了大象摇摆的尾巴,说道:"大象就像一把旧扫帚。"

第六位智者在试探的时候,把手放在了大象的膝盖上,他说:"大象显然与大树十分相似。"

就这样,他们你一言我一语,大声争论了很长时间。

他们每个人都固执地坚持己见,无法达成共识。我们可以发现,尽管他们每个人都说对了一部分,但他们的结论却都是错误的。

💡 **对话指导**

1. 你认为故事里的智者是真正的智者吗？为什么？
2. 他们的问题有别的解决办法吗？
3. 当他们决定去寻找大象的时候，你觉得他们有着怎样的心理活动？他们会感觉到自我欺骗吗？
4. 我们何时能确定自己的观点是正确的？
5. 有把握和无把握的中间点在哪里？
6. 你觉得故事里的智者害怕犯错吗？为什么？
7. 承认错误需要勇气吗？为什么？
8. 你认为一个自我欺骗的人会感觉幸福吗？为什么？
9. 意料之外的事会让我们手足无措吗？为什么？
10. 你觉得自我欺骗在某些情况下是好办法吗？为什么？

💡 **游戏指导**

通过玩下面这个游戏，我们可以赋予"自我欺骗"这个词不同的含义。比如，在以下三个列表中随机各选一个词，用这些词和"自我欺骗"造句。你可以往这三个列表中添加更多的新词。

主语：一只狗、一名囚犯、一名游客、一个男孩、一位父亲、一名女消防员、一个小偷、一个游泳的女人、一位出租车司机、一名女跳伞员……

地点：一架飞机、家里的窗户、空地、游泳池、一座山、电影院……

时间：夏天、白天、夜晚、清晨……

范例：对于一名夜晚在泳池中游泳的游客来说，什么是自我欺骗？

做完游戏后，说一说你有什么收获。

艺术指导

笔者在搜索引擎中输入"自我欺骗"后，找到了这样一幅画：

1. 你觉得上图的作者为什么会这样描画"自我欺骗"？
2. 试想一下，你会如何描画"自我欺骗"。
3. 下面这幅画题为"谨慎的寓言"，它的作者是一位名叫提香[1]的画家。我们知道，保持谨慎可以让人们很好地审时度势，远离不必要的风险。并且，保持谨慎也能让人们权衡各种恐惧而不被其所掌控。那么，你觉得提香为什么以这样的方式来描绘谨慎呢？

动手实践

1. 将提香这幅画中的主角变成女性，再画出来。
2. 想象你是第七位智者，你一边倾听其他六位智者的描述，一边根据他们的说法来画出一头大象。

---

[1] 提香·韦切利奥（Tiziano Vecelli），意大利文艺复兴后期威尼斯画派的代表画家。

03

伊壁鸠鲁
快乐是我们行动的终极目标吗

一个人如果不珍视自己所拥有的,那么就算他拥有了全世界,他也是不幸的。

——伊壁鸠鲁

伊壁鸠鲁,公元前341年出生于希腊萨摩斯岛,公元前270年在雅典逝世。35岁时,他就在雅典创立了自己的学派,并在自家的花园里教授哲学课程。事实上,花园是他消除恐惧、获得平静安宁的重要地点。众所周知,伊壁鸠鲁的健康状况一直欠佳。而他在花园里,就可以在学生们——其中不乏女性和奴隶——的簇拥下构思关于死亡、快乐和幸福的理论。

伊壁鸠鲁认为,就通过个人反思消除恐惧来说,哲学是必不可少的。他指出,恐惧有四种主要来源:命运、神、死亡和痛苦,而哲学则具有疗愈功能。首先,我们之所以会对命运心怀恐惧，是因为我们觉得也许存在某种法术，能够决定人类的生死。但是伊壁鸠鲁认为，这种法术是不存在的。命运是偶然事件，我们所认为的必然只是由各种偶然连接而成的。其次，我们也惧怕神，觉得他们是万能的，会惩罚人类。伊壁鸠鲁对此也予以否认，他认为神只会从天上远观人类，并不会干涉人类的生命。再次，当我们活着的时候，死亡不在场，而当死亡现身的时候，我们已经不存在了，只要我们明白了这一点，就不会再害怕死亡了。最后，我们对痛苦的恐惧也会消失，因为痛苦不仅是短暂的，对人来说也是容易忍受的。一旦克服了这些恐惧，人类就能致力于寻找智慧，而寻找智慧就是寻找平静（伊壁鸠鲁所使用的古希腊语词汇是"内心的宁静"）和快乐。伊壁鸠鲁提出的这两个目标看似互不相容，其实并非如此，因为他对快乐的定义与我们的见解大相径庭。他认为，所有生物都有趋乐避苦的天性。快乐不是无节制地追随直觉，与之相反，快乐恰恰是以寻找平衡点为目标来抑制不安。伊壁鸠鲁所认为的快乐既不是堕落也不是放纵，他眼中的快乐是由内在和外在的平静、避免身心痛苦，以及对友情的深刻体会所产生的。快乐出现在痛苦消失之时。因此，我们做事要有节制，学会衡量现在和未来的各种快乐与痛苦。如果我们在当下选择了快乐而非痛苦，那么在未来，我们可能要面临更大的痛苦。

另一方面，当我们面对多种快乐并需要做出选择时，伊壁鸠鲁要求我们将其置于天平之上谨慎衡量。显然，我们想要拥有一切快乐，但假如无法实现，经验告诉我们这通常不可能实现，那我们就必须学会取舍。举个例子，假如我们既有钱又自由，那么我们会很幸福，但假如我们有钱却没自由，那么我们可能很难获得幸福。伊壁鸠鲁要求我们了解自己的真实需求。人类有三种欲望：自然和必需的欲望（食物、衣服、安全……），自然和非必需的欲望（一件皮衣、一幢别墅……），以及不自然和非必需的欲望（成功、权力……）。满足第一种欲望可以确保我们的生活远离痛苦。在这里需要指出的是，非物质需求也属于第一种欲望，如安全、尊重、认同、自由和公平。并且，对于伊壁鸠鲁来说，友情也是一种自然欲望。第二种欲望已然会滋生奢侈之风，而第三种则更会助长个人的虚荣心。伊壁鸠鲁认为，第二种和第三种欲望都会对人类的身体或心灵造成伤害。他肯定无法理解，现代人夜以继日地工作就是为了获取那些会对自己造成伤害的非必需品。对伊壁鸠鲁来说，智者懂得在身体和心灵的需求之间找到平衡点，满足自然和必需的欲望，放下非必需的欲望。欲望臣服于理性，而智慧就存在于对理性的运用当中。如此看来，伊壁鸠鲁这位智者确实有些个人主义倾向，但他绝不是一个以自我为中心的人。这节内容听上去很现代，对吧？

　　接下来我们要读的这个故事，你们可以把它读给自己的孩子或者学生们听。读完故事以后，你们还可以参考笔者给出的几种活动指导与他们进行互动，这些活动的部分内容是笔者根据伊壁鸠鲁的理论所设计的。

※

米达斯王

从前，有一位名叫米达斯的国王，他非常富有，他拥有的黄金比世界上任何人都多。尽管如此，他仍不满足，看着黄金越堆越多是他最大的乐趣所在。他把黄金储藏在官殿巨大的地下室里，每天都在那里待上好几个小时，一遍又一遍地数金子。

米达斯王有一个女儿，名叫金盏花。他十分宠爱女儿，常说："我的女儿将成为世界上最富有的公主。"但是小金盏花并不在乎父亲的财富，相比黄金，她更热爱花园、玫瑰与阳光。她是个形单影只的小女孩，因为她的父亲总是在琢磨与黄金有关的事，没有时间给她讲故事或者陪她散步。

一天，米达斯像平常一样前往他的宝藏室。他先用钥匙锁上一扇扇厚重的大门，再打开那些巨大的黄金宝箱。他把金子堆在桌上，满怀爱意地抚摸着。他还抓起满满的黄金，让它们从指缝中流过，发出叮当作响的声音。他微笑着陶醉其中，就像在欣赏美妙的音乐。这时，一个黑影突然降落在黄金堆上。

米达斯转过身，看见一个满脸笑容的陌生人，那人身上的白袍子华丽耀眼。米达斯吓了一跳，他确信门都用钥匙锁好了，现在他的财宝可危险了！但那个陌生人并未做出任何举动。

"米达斯王，你有很多黄金啊。"陌生人说。

"是的，"米达斯王回答，"但和世界上所有的黄金相比，我拥有的实在太少了。"

"什么？你还不满足？"陌生人问他。

"满足？"米达斯王大声说，"我怎么可能会满足。许多夜晚，我都在思索如何获得更多的黄金，并因此而难以入眠。多希望我能拥有点物成金的能力啊！"

"米达斯王，这真是你所希望的吗？"

"当然。没有什么比这更能让我快乐。"

"好，我就让你实现这个心愿。明天早上，当太阳的第一束光线照进你的窗户，你就将拥有点物成金的能力。"

话音刚落，陌生人就消失不见了。米达斯王揉了揉自己的眼睛，喃喃自语道："我应该是做梦了，不过，这一切要是真的，我该有多幸福啊。"第二天早上，当第一束光线照亮了天空，米达斯王醒了。他伸出手碰了碰毯子，什么也没发生。"我就知道那是一场梦。"他叹了口气。就在那时，太阳的第一束光线照进了房间的窗户，被手碰到的毯子变成了黄金。"不是梦！"他兴奋地大叫，"是真的！"

他站起来，在房间里跑来跑去，不停地触摸各种东西。

他把睡衣、拖鞋、家具……都变成了黄金。他又向窗外看去，看见了小金盏花的花园。米达斯心想："我要给女儿一个惊喜。"他来到花园，把女儿所有的鲜花都变成了黄金。"她一定会很高兴的。"他自言自语道。

他回到房间，早餐还没送来，他便拿起昨晚看的书，想打发一下时间。然而，刚被他碰到，书就变成了结实的黄金，"这下我不能读书了，不过，多了本金子做的书当然更好。"一名仆人端着早点走了进来，米达斯说："这些食物看起来真美味啊，我要先吃那个红色的软桃。"说着，他拿起了桃子，但还没等他尝上一口，桃子就变成了金块。米达斯只能把它放回了托盘，并且遗憾地说道："虽然它很精美，但是只能看不能吃啊。"他又拿起一块小面包，可是小面包也变成了黄金。就在这时，小金盏花打开门走了进来。她正悲伤地抽泣着，手里还拿着一朵玫瑰花。

"我的宝贝女儿，你怎么了？"米达斯王问道。

"噢，爸爸！你看我的玫瑰，它变得又丑又硬！"

"女儿，它变成金玫瑰啦，你不觉得它比从前更美了吗？"

"我不觉得。"小女孩呜咽着说，"它不再散发香气，也不再生长了，我还是更喜欢鲜活的玫瑰。"

"好了好了，"米达斯说，"先吃早饭吧。"

然而，金盏花发现她的父亲什么也没吃，看起来忧虑不堪。

"亲爱的父亲，您怎么了？"金盏花一边问，一边靠过来。

她用双臂搂住父亲的脖子,米达斯亲吻了她的脸颊。突然间,只听一声恐惧又痛苦的尖叫。金盏花那可爱的小脸,在被米达斯吻过之后,变成了闪闪的黄金。她的双眼再也看不见,她的双唇再无法亲吻父亲,她小小的臂膀再也不能紧紧地抱住他了。她不再是那个爱笑亲切的小女孩,而是一尊小小的黄金雕像。米达斯王低下头,放声大哭起来。

"米达斯王,现在你幸福吗?"一个声音问他。

米达斯转过头去,看见了那个陌生人。

"幸福!你怎么能问我这个问题?我是这世界上最不幸的人!"国王回答道。

"你拥有了点物成金的能力,"陌生人反驳他说,"难道这还不够吗?"米达斯王头也不抬,不发一语。"我问你,你是选食物还是选黄金?"米达斯觉得自己无法作答。"噢,国王陛下,你是选这尊小小的黄金雕像,还是选你那活泼亲热的女儿?"

"噢,把小金盏花还给我吧,我会把所有的金子都给你。"米达斯王说,"我失去了一切有价值的东西。"

"国王陛下,你比昨天更有智慧了。"陌生人说,"这样吧,你去花园的小河中沐浴,然后取一些水,将它泼洒在你希望变回原样的东西上。"

米达斯王立刻站起来朝小河跑去。他先洗了身体,然后装满一瓶水,急急忙忙地跑回宫殿。他把水洒在金盏花的身上,小女孩的脸蛋恢复了红润，睁开了她碧蓝的眼睛。米达斯王欢呼着将女儿拥入怀中，他从未像现在这样喜爱金色的阳光和小金盏花金色的长发。

☀

对话指导

1. 你认为米达斯王最终获得幸福了吗？为什么？对你来说，幸福是什么？

2. 虽然米达斯王点物成金的愿望得以实现，但是他并不开心。为什么？

3. 米达斯王最终所领悟到的满足是什么？你觉得满足和快乐之间的区别是什么？

4. 换作是你，会许下什么愿望呢？为什么？

5. 你觉得为什么陌生人会出现在米达斯王的面前？

6. 米达斯王既贪婪又吝啬，你能说一下你对这两种品质的理解吗？

7. 最后，米达斯王改正了错误，他也不用承担恶果。你认为在现实生活中也是这样的吗？为什么？

8. 你觉得米达斯成为国王与他热衷聚敛财富有关吗？为什么？

9. 从故事中你能看出几种恐惧？

10. 你能给这个故事另取一个名字吗？请说说你取该名字的理由。

游戏指导

能与不能

钱能买到很多东西，但也有一些东西是钱买不到的。下面这个游戏需要参与者用到以下句型："用这些钱我能买到____，用这些钱我不能买到____。"

参与游戏的人围坐成一圈，拿出一枚硬币，大家一起制作一个表格，列出这枚硬币能买到和不能买到的东西。写完后，参与者需要讨论：这枚硬币能买到的东西之间有什么共同点，这枚硬币不能买到的东西之间又有什么共同点。参与者需要思考价值与价格之间的差别。

艺术指导

仔细观察下面两幅图片：

现在，回答下列问题：

1. 下面这两幅图片分别反映出哪种满足？
2. 你认为这两幅图片的主角会怎样定义幸福？
3. 你赞同谁的观点？为什么？

《钱庄老板和他的妻子》——［荷兰］马里纳斯·凡·雷梅尔思维勒

动手实践

请你来设计和制作一个"米达斯王的快乐盒子"。你认为,米达斯王在得到教训后,会追求怎样的快乐?把这些快乐写在小纸条上,再放进盒子里。

04

塞涅卡
我们应该畏惧死亡吗

生命就如同一场戏剧，关键不在于你演得有多长，而在于你演得有多好。只要你能创造出一个好结局，那么不管你在何时叫停演出都可以。

——塞涅卡

吕齐乌斯·安涅·塞涅卡，公元前4年出生于罗马帝国西班牙行省科尔多瓦，因受到皇帝尼禄的逼迫于公元65年在罗马自杀。据说塞涅卡幼年时期体弱多病，但这并未阻止他成为剧作家和政治家，他甚至还不乏幽默感。塞涅卡是斯多葛派哲学的杰出代表，从他的著作可以看出，在他所呈现的生命观中，哲学被视为对抗逆境的重要慰藉。他的《论生命之短暂》一书应该是回答本节问题的关键，在那本书里，塞涅卡表示，生命重在质量，而非长度。

对于塞涅卡来说，尽管人类已经拥有了理性，但是我们还必须拥有智慧才能变成对抗欲望的勇士。在这场抗争中，我们每天都直面死亡，死亡一直伴随着我们，无论是身前——当我们尚未存在于这个世界，还是身后——当我们不再存在于这个世界。因此，生命只是在死亡这个长句中添加了一段写在括号里的内容。其实，连时间都必然会随着秒针的转动而消逝，走过的分秒无法倒转。就这样直至生命的最后一秒，那时秒针停止转动，不再指向下一秒。塞涅卡自问，死亡是否会使人痛苦？假如答案为是，那便意味着痛苦在人出生前就已存在，但我们都知道，事实并非如此。严格说来，生命使死亡成为一种必需，生命需要与死亡面对面地形成对比。没有了死亡的生命，将不会是我们所认识的生命。在我们懂得生命存在尽头的那一刻，死亡可以让我们给予时间以意义，让我们知道生命有穷并充分地活好每一天。

　　那么，我们应该保持对未知的恐惧吗？满怀恐惧地活着不算真正地活着，我们必须享受生命。人类知道自己无法永生，这是思考某件事重要与否的最佳背景，在这个前提下，对无法避免之事尽量平静地接受，对可争取之事则要为之而奋斗。死亡是必然的，但生命需要人去塑造，所以，我们应当关注生命而非死亡，因为死亡无法被改变。塞涅卡建议我们为可塑之事努力，不为无能为力之事烦恼，他认为人类只有恰如其分地活着才能获得尊严。

我们会因所爱之人的死而痛苦不已，对此，塞涅卡表示理解，但他也希望我们不要就此止步不前。尽管我们无法阻止死亡的发生，但我们还是得继续活下去。最坏的情况莫过于活在恐惧的阴影之下，因为恐惧会污染和伤害生命。无论是自己还是他人的死亡都会影响和扰乱我们的心绪，我们要为此做好准备。我们无法自欺欺人的是，所有人都在逐渐走向死亡。不过，当人超越了死亡，痛苦和恐惧便再也无法抓住我们，因为死亡是虚无的，它本身并非不幸。死亡是人类生命的自然终点，当我们接受了这一点，就可以充分圆满地过活。此外，老年人尤其要享受生活，塞涅卡并不认为老年时期是在毫无意义地迈向临近的死亡，而是人类尊严的又一个阶段，老年人的生活更能从容不迫、安详宁静。

理性告诉我们，人终有一死，一旦接受了死亡，我们就能挣脱束缚，丢弃对真理的无知，掌控自己的生命。当人圆满地过完一生，他就能有尊严地直面死亡。

甚至，塞涅卡也能理解有人因老年和疾病无法拥有幸福而选择自杀。苦难让人尊严尽失，既然已经无法理性地活着，那么我们也尊重有些人选择终止生命。这是人类自由的一部分，是人会从理性出发所做的一种选择。但我们最好永远不要出于恐惧或痛苦而放弃生命。

塞涅卡提出，人并非只能感受失去的痛苦，还可以拥有充分享受生命的快乐。死亡是不可避免的，但是人类可以将自己对死亡——尤其所爱之人的死亡——的体验作为成长和回忆的源泉。既然死亡是我们唯一的自然结局，那么就让我们接受它吧。让我们努力生活，把握剩下的人生，不在无用之事上浪费时间。最后，绝不对必然会发生之事心怀恐惧！

接下来我们要读的这个故事，你们可以把它读给自己的孩子或者学生们听。读完故事以后，你们还可以参考笔者给出的几种活动指导与他们进行互动，这些活动的部分内容是笔者根据塞涅卡的理论所设计的。

被戏弄的死神

从前有个穷人，在他乞讨了整整一天后，就只得到了一枚硬币。当天晚上，上帝扮成乞丐的样子出现在穷人面前，请求穷人分他一点儿钱。穷人十分同情他，便把唯一的一枚硬币送给他了。上帝很感动，对穷人说：

"我要把你变成医生，让你不需要懂医术就能帮人治病。你听好了，如果你在病人的床头没看见死神，那么他的生命就还没有走到尽头，你可以随便开点儿药给他，他自会痊愈。但是，如果你看到死神站在病人的床头，那便意味着他行将就木,你再看看死神竖起几根手指,那就是病人还剩下几天的生命。"

于是,穷人就这么变成了医生,还靠着"医术"声名远扬。因为他总是能准确预测病人的生死,从未出错,并且,在遇见垂死之人时,他还能猜出那人的离世日期。他的名望甚至传到了皇宫,连国王都曾召他为自己看病。穷人获得了非常多的钱财,多到他自己也数不清。

很多年以后,穷人的生命走到了尽头,死神来到他的面前。这时,穷人对死神说:

"我有一个请求想拜托你。"

"什么请求?"死神问道。

其实,因为他俩在病人的床头碰过太多次面,他们早已成了好友。

"我想请你再给我八天的生命。曾经我长期生活在贫苦之中,没有钱花,后来我又因为工作太忙,要看的病人太多,赚了钱却没时间花。我只向你多讨八天,好去尽情地享乐和放纵。"

死神觉得他的请求十分合理,就同意了。然而,穷人并没有像他自己所说的那样去过好日子,而是找来了几位最好的木匠,用木头打造了一个密不透风的房间。他把自己关在里面,一心希望死神进不来,好借此机会愚弄死神一番。但是,有个木匠不小心留了一条缝,于是死神就从那里进来了。

"你处心积虑地想躲开我,是吧?"死神有点儿生气地问。

"是的,没错。"穷人坦言道,他看上去十分后悔,"不过,我现在发现这是不可能做到的了。所以我请求你再给我三天的时间,就只要三天,让我好好地享受生命。我向你保证,这次我不会再做无用功了。请你看在我俩友情的份上同意我的请求吧。"

死神其实是一个面恶心善的人,他同意再给穷人三天的生命。

而这三天里,穷人一直在苦思冥想,最后,他终于想出了逃离死神制裁的好办法。三天过去了,死神再次出现在穷人的面前,穷人对他说:

"我听说,而且上次我也亲眼所见,你可以随心所欲地放大和缩小身体,所以你才能穿过间隙、锁眼和门缝,我想看看你是怎么做到的。那边桌子上有个葫芦,你能钻得进去吗?"

"当然能。"死神说,他不仅是个大好人,而且头脑很简单,所以他完全没发现这是个陷阱。

死神瞬间就把身体缩小再缩小,变成一根棉线那么细,钻进了葫芦里。这时,穷人从口袋里拿出一个软木塞,把葫芦口紧紧地封住了。

"对不住你了,我的朋友,但我一点儿也不想去你的国度。"

穷人把葫芦藏在了阁楼一个被人遗忘的角落,开始过起了逍遥自在的生活。

自此许多年间，世界上尽管发生了瘟疫、战争、饥荒、地震等各种灾难，但是没有任何人去世。人们日渐消瘦衰弱，有的成了真正的骷髅，有的则浑身溃烂，但就是没人死去。对此，所有人都觉得难以置信，智者们也为了找出缘由而变得衰老不堪。是的，只是更加衰老而已，根本不会死去。

一天，几个孩子去穷人的阁楼上玩耍，他们发现了那个葫芦。孩子们以为那是个年代久远的玩具，便开心地玩耍起来。他们把葫芦你丢给我，我抛给你，里面的死神从一头被晃到另一头，头晕目眩，他心想："要是我哪天从这里出去了，我一定找你们还有那个穷人算账。"葫芦被孩子们手脚并用地传来传去，最后撞在墙上裂开了。重获自由的死神怒火中烧，冲下楼梯去找那个欺骗自己的狡猾家伙。当穷人看见死神时，便知道自己的死期已至，于是他顺从地跟着死神走了。从那时以后，世界也又恢复了生老病死的正常秩序。

※

对话指导

1. 你觉得死神是像故事里讲的那样吗？他和人一样有感情、会思考吗？为什么？

2. 你觉得死亡是否像故事里那样是可以避免的？死亡又在哪些情况下是无法避免的呢？为什么？

3. 为什么我们害怕死亡？你觉得心怀恐惧地活着是件好事吗？

4. 我们如何面对自己对死亡的恐惧？

5. 如果一个与我们关系亲近的人去世了，怎样可以令我们感到安慰？

6. 假如死亡消失了，世界会发生什么变化？

7. 死亡是对现在和未来的终结，但是，死亡也会带走过去吗？为什么？

8. 假如你知道自己会永生，那么你还会充实地度过每一天吗？为什么？

9. 没有生命的东西会死吗？

10. 你认为人死后会有什么感受？还会有痛苦吗？为什么？

游戏指导

如果____会怎么样？

我们来编个小故事，故事的主题是如果死亡不存在了，那么会发生什么。所有的小朋友围坐成一圈，大家一起来思考，故事的开头是这样的："如果世界上不存在死亡，那么会发生什么好事？"

然后，我们再把故事的开头换一下："如果世界上不存在死亡，那么会发生什么坏事？"

游戏结束后，大家聊一聊关于死亡都学到了些什么。

💡 **艺术指导**

仔细观察下面两幅图片

现在，回答下列问题：

1. 这些图片令你感到害怕吗？你觉得以这种方式来表现死亡，会减少人们对它的恐惧吗？为什么？

2. 在中国的文化里，清明节是很严肃悲伤的日子。你觉得在其他国家也是这样吗？这个问题值得你去探索和研究。

动手实践

1. 用拟人的手法画一画死亡,尽量把它画得"亲切"些。画完以后,我们来聊一聊为什么死亡让人恐惧。

2. 继续用拟人的手法,以"生命"为题,画一幅画。

05

斯宾诺莎
如何获得快乐

快乐让人从不完美迈向完美。

——巴鲁赫·斯宾诺莎

巴鲁赫·斯宾诺莎，1632年出生于荷兰阿姆斯特丹，1677年在海牙逝世。由于提出的思想不被理解，斯宾诺莎受到同时代所有宗教团体的驱逐。因此，宗教和理性是他作品的两大主题。很多人认为斯宾诺莎是无神论者，然而事实恰好相反，上帝在他的论述中反复出现。斯宾诺莎以打磨镜片为生，他也用同样的态度去打磨自己的理论，力求精确无误。

斯宾诺莎拒绝将自由理解为放纵的欲望，他也不认为自由是掌控欲望的工具。斯宾诺莎所理解的自由是能与非理性抗衡的强大内心，是认识欲望的驱动力并采取行动。

人类由三个部分组成：身体和心灵、将不同部位相连的纽带，以及成长的潜能。不过，这种潜能既可能增强也可能减弱，取决于我们供给它怎样的"养分"。比如，就读书来说，一些书的内容直抵人心，会提升我们的能量，而另一些书则会削弱我们的能量。当人无法维系各部位之间的纽带时，死亡便会以一种不可逆转的方式从外部出现，那时身体就会分解，重归大自然，就像一条流动的小河，时刻在变化但从不会消失。斯宾诺莎表示，找出增强潜能的途径是我们的义务，每个人都有独一无二的潜能。那么，我们该如何去做呢？根据斯宾诺莎的观点，积极的事物可以让人感到快乐。显然，他建议我们珍惜自己的生命，发掘快乐，尽量避免悲伤。斯宾诺莎认为，所有人都应该探索自己的本性，找出符合自身规律的方式。那么，这种探索的临界点在哪里？当潜能的变化从增强转为减弱，情绪从快乐变成悲伤时，那里便是我们个人的极限所在。

我们如何寻找快乐的来源？斯宾诺莎将认知按照从低到高的顺序分为三个等级。第一等级是能够给予人感受的认知，不过，我们只了解感受的结果，不清楚感受的来源。比如，读书让人快乐，但是，为什么呢？假如我们轻易地得出所有书都对人有益这样的结论，那么很不幸，我们会将自己错误地放逐到欲望和激情所在的贫瘠之地。欲望总是多余的，它们终将造成潜能的浪费。在第二等级中，理性发挥作用，发现快乐的来源。一方面，快乐可以把主体和客体连接起来，为两者之间的关系赋予意义。在这种情况下，一旦懂得了如何找到快乐并避免悲伤，由理性所引导的生命就能维持下去，因为快乐可以提升潜能和理解力。另一方面，由于情绪源自感性，我们会以为外界客体是悲伤的成因，但事实上，引发悲伤的是我们与客体之间的关系。减少悲伤并不一定要改变客体，也许只需改变我们和客体之间的关系。我们需要明白，悲伤的产生是因为作为主体的我没有找到自己与客体之间的任何共同点，尽管在某些情况下，或者是由于理性的作用，主体和客体会有所改变，那么两者之间就可能产生某种共同点。斯宾诺莎认为，如果把快乐聚集起来，那么我们就会有好心情，这是唯一一种永远不嫌多的情感，它会变成幸福的同义词。人一旦获得了幸福，便无法被外部条件消除，因为他将不再以消极的眼光看待事物，而是会自主决定处理事物的方式。理解力可以提升潜能，到达内心的最深处。而且，快乐会传染！为什么发自内心的快乐可以被传递给他人？因为那是一种主动的快乐，与偶然建立起的、被动产生的快乐有本质上的区别。

于是，当理性淡化了感性，快乐被强化且不为环境所动，这时，就会产生第二等级的认知。

然而，斯宾诺莎所提出的第三等级的认知甚至超越了理性。

通过行动和认识来学习创造快乐，用慷慨和爱来抵御悲伤，这些似乎就是斯宾诺莎用来建造快乐的砖石。快乐不是美好时光的堆砌，而是获得生命幸福的途径。能够用智慧变坏为好的人，将会达到认知发展的最高阶段。没有人可以完全逃离激情，但感性占据我们的空间越小，我们与永恒的距离就越近。斯宾诺莎将永恒定义为圆满和享乐，永恒甚至能等同于对上帝的爱。第三等级是对本质的直观认识，这种认知已经和感受没有任何关系，因此也不受时间左右。智者内心宁静，不会有骄傲或嫉妒等情绪，只有为他人奉献的慷慨，以及在坚不可摧的完满快乐之中生活的幸福。这种状态虽然不常见，也很难达到，但却非常美好！

接下来我们要读的这个故事，你们可以把它读给自己的孩子或者学生们听。读完故事以后，你们还可以参考笔者给出的几种活动指导与他们进行互动，这些活动的部分内容是笔者根据斯宾诺莎的理论所设计的。

小冷杉

从前有一棵小冷杉，他觉得自己很不幸，因为其他树的叶子都是一片一片的，只有他的叶子像针，是一根一根的。为此，他一直抱怨个没完！

"一片一片的绿色树叶多好看呀!我的朋友都这么漂亮,只有我,像是长了满身的刺……真希望我的叶子都变成黄金。"

第二天早上,小冷杉发现自己的愿望实现了,他闪耀着金色的光芒。森林里所有的树都在谈论这件事:

"小冷杉所有的叶子都变成了黄金!"

一个小偷听到了大树之间的对话,等到夜幕降临,就背着一个大口袋潜入森林,把小冷杉所有的黄金针叶都偷走了。第二天早上,小冷杉抱怨道:

"我再也不想要什么黄金树叶了……金子会招来小偷,把我偷个精光。要是我的叶子是,嗯……是水晶做的就好了,因为水晶也是闪闪发光的!"

第二天早上,他的愿望实现了。森林里所有的树都在谈论这件事:

"小冷杉所有的叶子都变成了水晶!"

可是,夜里的一场狂风暴雨把小冷杉的水晶针叶全都打落了……第二天早上,小冷杉哭着说:

"我可真是太不幸了!我又变成光秃秃的了。先是黄金叶子被偷,再是水晶叶子被打落。要是……要是我有和朋友们一样的绿色叶片就好了!"

第二天早上,小冷杉的愿望实现了,他变得和其他树一样,浑身布满了美丽的绿色树叶。他的邻居们纷纷说道:

"小冷杉变得和我们一样啦!"

但是，山羊一家来森林里散步，山羊妈妈看到了小冷杉，对山羊宝宝们说：

"孩子们，你们快来呀！孩子们，你们快来呀！来尝尝这树叶，一定要多吃点儿！"

小山羊们一拥而上，瞬间就把树叶吃了个精光。小冷杉再次变成光秃秃的了，他冷得直哆嗦，不禁又像个孩子那样哭起来：

"他们把我的叶子都吃光了！我又一无所有了。我那些美丽的绿色树叶，就像我的水晶还有黄金树叶一样无影无踪了。哪怕我能有点儿针叶也好啊……"

第二天早上，小冷杉醒了，他看到自己身上的那些针状树叶，什么话也没说。从此以后，小冷杉再也没有抱怨过自己的叶子，他娇气的毛病就这么改掉了。在森林里，可以听到他的邻居们互相说着：

"小冷杉又回到以前的样子啦！小冷杉又回到以前的样子啦……"

就这样，森林里又恢复了平静。

对话指导

1. 小冷杉原有的叶子是什么样子的？你觉得小冷杉为什

么不喜欢它们？

2. 为什么小冷杉的愿望没有善始善终？

3. 你觉得小冷杉与其他树攀比是件好事吗？你会跟别人攀比吗？你觉得这种做法是正确的吗？为什么？

4. 小冷杉是什么时候学会满足的？为什么？

5. 当你遭遇不顺心的时候，你会抱怨吗？在那之后你会怎么做？

6. 你觉得一个人只有接受自己才会快乐吗？为什么？

7. 小冷杉有什么优点是他自己所没有认识到的？

8. 你觉得小冷杉的那些想法是因为他年纪太轻吗？为什么？

9. 读完小冷杉的故事，你觉得幸福取决于什么？

10. 那悲伤又取决于什么呢？

游戏指导

大家围成一圈站好（参与的人越多越好），组织者教大家玩小步舞曲游戏。首先，由组织者为大家解释小步舞曲的由来：很久以前，法国国王命人找来了宫廷小丑，为百无聊赖的王公贵族们解闷，于是，宫廷小丑便将小步舞曲教给大家。

接着，组织者教给参与者以下口诀：

"大家一起来跳舞呀，一、二、一，

大家一起来跳舞呀，一、二、一。"

在游戏的第一阶段,大家手拉手,每唱完一遍上面的口诀都向右迈出一步。

重复两三次之后,由组织者告诉大家,国王觉得有点儿无聊,又把宫廷小丑找来,命令他必须想出一个有趣的点子。

于是,宫廷小丑说,现在大家松开手,一起向左转,每个人都抓住自己前面那个人的衣襟。游戏第二阶段开始,大家先唱第一句口诀,然后向右跨一步,再唱第二句口诀,然后向左跨一步。重复几次。

国王又玩腻了,他再次叫来宫廷小丑。宫廷小丑说,这次每个人都抓住与自己相隔一人的那个人的衣襟。大家都朝右边迈出一步,将圆圈的范围缩小。然后像第二阶段那样开始游戏。

重复几次之后,国王又无聊了,宫廷小丑再次出场。这一次,他让每个人都抓住与自己相隔两人的那个人的衣襟。大家再朝右边迈出一步,并且每个人都要坐在后面那个人的膝盖上。再像第二阶段那样开始游戏。笔者敢保证,大家一定都会笑得很开心。

游戏结束后,大家来聊一聊快乐这个话题,说说快乐是从何而来的,我们怎么做才可以获得快乐呢?

艺术指导

观察下面这两棵奇特的树:

1. 你觉得这两棵树有什么特别之处？

2. 请你编一个小故事，讲一下它们形状奇特的原因。

动手实践

1. 请你模仿上面的图片，画一棵快乐的树。

2. 请你试着用布和木头等材料制作出故事中那棵快乐的小冷杉。做完后，请你解释一下自己的设计理念。

06

蒙田
拥有好朋友重要吗

唯友谊是人无法凭一己之力所能养成的美德。

——米歇尔·德·蒙田

米歇尔·德·蒙田，1533年出生于法国圣米歇尔，1592年在蒙田庄园逝世。作为文艺复兴时期的思想家和政治家，他一直把自己当作研究对象，试图通过认识自我进而认识全人类。蒙田反对过度的教条主义，是一名怀疑论者，他所追求建立的确定性既是灵活的也是暂时的。在生命最后的岁月中，蒙田写成了《随笔集》。在书中，他不仅探讨了自己所关注的各种论题，也旁征博引了他无比崇敬的希腊、罗马的古典作家们。蒙田真挚、自由、诚实，对自己的优缺点了然于心，他觉得自己反复无常、虎头蛇尾，和很多人一样呢！

蒙田深信，只有享受生命才会死而无憾。他本人因为家境富裕，所以能在晚年将所有时间用于思考，整理关于自我和世界的毕生所学。此外，在欧洲，天主教和新教之间曾经有过激烈的冲突，而蒙田则十分反对那个时期所产生的暴力。他无法忍受任何一方的狂热行径，明确宣称自己是人文主义者。蒙田从不想成为任何人的老师，或是创立任何具体的哲学流派。可以说，他是一位自由的思想家。

蒙田通过《为雷蒙德·塞朋德辩护》这篇文章向西班牙的医生和神学家塞朋德致敬。在文中，蒙田表示，人类并不优于动物，但与动物不同的是，人类能够结交朋友。这点使人类脱离了兽性，是生而为人的价值所在。事实上，蒙田摒弃了基督教中将友谊看作是爱他人的理念，取而代之的是一种更为亲近与独特的友情观：将蒙田与拉波哀西联结在一起的正是这种友情。拉波哀西既是诗人，也是波尔多高法院的一名法官，于1563年逝世。这份友谊并没有因为拉波哀西的离去而消失，并且，蒙田还用《论友谊》这篇文章描述了两人之间的情感。

在尝试定义友谊的过程中，蒙田曾在亚里士多德的理论中寻找方向，但他发现亚里士多德将利益或需求视为友情的驱动力，而这无法作为他分析自己独特友情观的向导。与儿女对父母的情感不同，友情不是在一段无法选择的关系中彼此敬爱。友情也不是那种男人会对女人产生的情欲。友情不是无所顾忌、摇摆不定、变化无常的火焰，而是长久稳定的、

低音
unitedbass

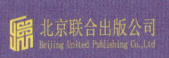

北京联合出版公司
Beijing United Publishing Co.,Ltd

文化

宣华录：花蕊夫人宫词中的晚唐五代

作者：苏泓月
书号：978-7-5596-1719-4
定价：128.00 元（精）

- 第十二届文津图书奖、2016 中国好书奖得主苏泓月全新力作。以 98 篇词清句丽、融合考古训诂的精致小文，近 300 幅全彩文物图片，重现五代前蜀花蕊夫人笔下的宫苑胜景。

文化

李叔同

作者：苏泓月
书号：978-7-5502-9328-1
定价：68.00 元（精）

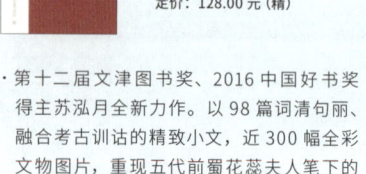

- 作家苏泓月以洗练的文字、诗意的笔法、翔实的史料，以及对真实人性的洞悉和悲悯，生动地刻画出李叔同从风流才子到一代名僧的悲欣传奇。

文化

书法没有秘密

作者：寇克让
书号：978-7-5596-1024-9
定价：98.00 元（精）

- 如果你想入门书法，想聆听前辈书家的习字心得，想了解书史长河中的流派演变和熠熠群星，甚至是想选择最适合自己的笔墨纸砚，本书都能提供给你想要的答案。

文化

胡同的故事

作者：冰心 季羡林 汪曾祺 等
书号：978-7-5596-1339-4
定价：60.00 元（精）

- 冰心、季羡林、史铁生、汪曾祺、舒乙、毕淑敏……
- 46 位名家，46 种视角下的胡同生活。
- 展现不同视角的北京胡同生活。

文化

大门背后：18 世纪凡尔赛宫廷生活与权力舞台

作者：[美] 威廉·里奇·牛顿
译者：曹帅
书号：978-7-5596-1723-1
定价：56.00 元（精）

- 一部凡尔赛宫廷生活史，就是一部法国社会变迁史。
- 繁华背后，一场文化与思想的演变正在悄然孕育。

文化

和食：日本文化的另一种形态

作者：徐静波
书号：978-7-5502-9834-7
定价：88.00 元（精）

- 尊重自然，体现材料的真味；饮食为媒，以"和食"观"和魂"。
- 严谨的文献依据结合考古成果与亲身经历，深刻而不晦涩，生动而不枯燥。

学会洞察行业：写好分析报告的6堂实战课

作者：王煜全
书号：978-7-5596-1680-7
定价：49.80元（精）

- 教会你如何在一周内摸清任意未知行业发展趋势。咨询行业分析师独门心法，让你比一般人看得更高、更远。
- 下一个被替代的行业是哪个？下一个崛起的行业又在哪里？

学会提问·实践篇

作者：[日]粟津恭一郎
译者：程亮
书号：978-7-5596-0328-9
定价：39.80元（精）

- 沟通过程的制胜转折点往往是一个"优质提问"！
- 提升"提问的品质"，不仅能使你自己，也能使与你有关的所有人的人生变得更加丰富多彩。

复原力

作者：[日]久世浩司
译者：程亮
书号：978-7-5596-2339-3
定价：45.00元（精）

- 松下幸之助、稻盛和夫、柳井正的"担心式"工作哲学。日本积极心理学学校校长、前宝洁营销主管的"复原力"工作术。

重启：打破思维局限的问题解决术

作者：[日]坂田直树
译者：肖潇
书号：978-7-5596-1407-0
定价：49.80元（精）

- 看似"不可能解决"的问题，其实都有解决办法！只要跳出思维舒适区与思维局限，重新启动自己的大脑，一切皆有可能！

生活美学MOOK：《班门》

木之纹　砼之色
铁之温　石之形

定价：42.00元/册（平）
书号：978-7-5502-7574-4（木之纹）
　　　978-7-5502-8628-3（砼之色）
　　　978-7-5502-9331-1（铁之温）
　　　978-7-5502-9600-8（石之形）

(2016)

方　圆　线　角

定价：58.00元/册（平）
书号：978-7-5596-0568-9（方）
　　　978-7-5596-0595-5（圆）
　　　978-7-5596-1287-8（线）
　　　978-7-5596-1518-3（角）

(2017)

这是一套能走到人的生活中去的美学杂志。关注令人焦躁的时代速度下，那些"慢下来"的平淡生活、手工技艺、艺术之美与命运莫测。当你进入这扇"门"，逐个阅览这些方块字的时候，它将显示自己安神的效果。

科普

月亮：从神话诗歌到奇幻科学的人类探索史

作者：[美] 贝恩德·布伦纳
译者：甘锡安
书号：978-7-5596-0255-1
定价：60.00 元（精）

- 一部优美绝伦的月球文化史。从文化视角切入天文知识，用诗意方式温柔科普。
- 近百张来自珍贵典籍、博物馆藏的插图，展现月亮在神话、诗歌、科学、科幻等领域中的丰富意涵。

科普

潮汐：宇宙星辰掀起的波澜与奇观

作者：[美] 乔纳森·怀特
译者：丁莉
书号：978-7-5596-1028-7
定价：80.00 元（精）

- 美国国家图书奖得主、博物学家彼得·马修森领衔推荐。
- 文化史、海洋研究、旅行文学融而为一，自然律动与历史变迁繁复交错。巡礼浪潮之巅的人类文明。

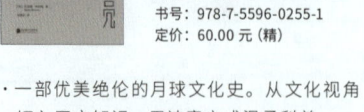

科普

万物皆数：从史前时期到人工智能，跨越千年的数学之旅

作者：[法] 米卡埃尔·洛奈
译者：孙佳雯
书号：978-7-5502-4918-9
定价：68.00 元（精）

- 该书已被译为英语、西班牙语、波兰语等 6 种语言出版发行，并长据法国亚马逊科学史分类第 1 名。

科普

宇宙之美：从大爆炸到大坍缩，跨越 200 亿年的宇宙编年史

作者：[法] 雅克·保罗
　　　[法] 让-吕克·罗impertirer
译者：陈海钊 李钰 陈丽华 等
书号：978-7-5596-0941-0
定价：168.00 元（精）

- 200 个里程碑讲述宇宙从诞生到终结的宏大史诗。
- 200 幅美到窒息的天文照片和艺术作品。

科普

当我们看星星时，我们看见了什么

作者：[美] 凯尔茜·奥赛德
译者：麻钰薇 何治宏
书号：978-7-5596-2003-3
定价：80.00 元（精）

- 科普与艺术的完美结合读本，以独特的深蓝笔调在纸间描绘璀璨星空与神秘星座的模样，以风趣幽默的文风讲述那些紧扣前沿的天文知识。

科普

植物园：400 种植物的 200 个不可思议的逸闻趣事

作者：[法] 安妮-弗朗丝·多特维尔
译者：孙娟
书号：978-7-5596-1455-1
定价：49.80 元（精）

- 去科学世界里寻找植物的答案，再告诉你科学之外的植物趣闻故事。
- 你将会看到：让野牛落荒而逃的鸢尾、在地下播种的三叶草、会报时的花钟。

社科 — 道歉的力量

作者：[美]艾伦·拉扎尔
译者：林凯雄 叶织茵
书号：978-7-5596-0303-6
定价：60.00元(精)

- 获美国出版者协会"心理学专业与学术出版荣誉奖"。
- 7种需求、4个环节、2种动机，全面解析道歉的奥秘，指引读者掌握道歉的技巧。

社科 — 中年的意义：生命的蜕变

作者：[英]大卫·班布里基
译者：周沛郁
书号：978-7-5596-1318-9
定价：49.80元(平)

- 剑桥大学生物学家开列18项特质清单，讲述不一样的中年故事，重新定义理想的中年，用全新眼光看待这个长久以来被误解的黄金年代。

社科 — 我看见的你就是我自己

作者：[意]贾科莫·里佐拉蒂
　　　[意]安东尼奥·尼奥利
译者：孙阳雨
书号：978-7-5596-2036-1
定价：49.80元(精)

- 一场跨学科的深入对话，一次多元思维的共振。
- 解读人类认知与群体行为中的共情机制。

社科 — 我并不孤独

作者：[澳]托比亚斯·艾特金斯
译者：何正云
书号：978-7-5596-1802-3
定价：49.80元(精)

- 美国亚马逊自尊、焦虑类图书分类榜NO.1，自我成长类图书TOP5。
- 正视我们内心的冲突，实现自我对话。

社科 — 傅佩荣的哲学课 先秦儒家哲学

作者：傅佩荣
书号：978-7-5596-1881-8
定价：80.00元(精)

- 耶鲁大学哲学专业人气国学导师傅佩荣教授新作，一本书，一个课堂，一次先秦儒家的真正复兴。
- 聚焦论语、孟子、易经、大学、中庸五大原典要旨，开启叩问经典的哲学大门。

社科 — 写作课：何为好，为何写不好，如何能写好

作者：[美]艾丽斯·马蒂森
译者：王美芳 李杨 傅瑶
书号：978-7-5502-9562-9
定价：60.00元(精)

- 《出版人周刊》《图书馆杂志》等多家媒体好评如潮，欧美文坛多位作家联袂推荐。
- 书中包含大量对真实作品的深度剖析，兼具趣味性、文学性和实用性。

生活

我们只有10%是人类：认识主宰你健康与快乐的90%微生物

作者：[英] 阿兰娜·科伦
译者：钟季霖
书号：978-7-5596-1341-7
定价：80.00 元（精）

- 被译为19种语言，英、美、日亚马逊五星推荐。微生物决定了人类的健康状况，微生物群系可以改变免疫系统的发展，影响免疫系统对抗疾病的能力。

生活

品尝的科学：从地球生命的第一口，到饮食科学研究最前沿

作者：[美] 约翰·麦奎德
译者：林东翰 张琼懿 甘锡安
书号：978-7-5502-9993-1
定价：49.80 元（平）

- 一本有关人类味觉的奇妙物语，你将比想象中更了解自己。
- 没有哪本书能像《品尝的科学》一样为你展现"我们吃的不是食物，是科学"。

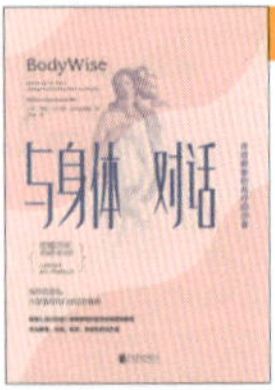

生活

与身体对话：终结疲惫的自疗启示录

作者：[美] 瑞秋·卡尔顿·艾布拉姆斯
译者：刘倩
书号：978-7-5596-0837-6
定价：88.00 元（精）

- 你觉得疲惫吗？你在忍受慢性疼痛吗？你正经历抑郁和焦虑吗？雄踞《纽约时报》畅销榜首的医学权威联袂推荐；告别疲惫、失眠、焦虑、抑郁的绝佳方案；身体的语言才是值得我们信任的真相。

生活

吃土：强健肠道、提升免疫的整体健康革命

作者：[美] 乔希·阿克斯
译者：王凌波 魏宁
书号：978-7-5596-1168-0
定价：90.00 元（精）

- "飞鱼"菲尔普斯的保健医生、美国著名自然医学专家兼临床营养学家前沿之作。
- 长踞美国亚马逊疾病类图书畅销榜首。
- 颠覆"杀菌有利于健康"的传统思维，普及"脏一点儿更健康"的全新理念！

生活

别让不懂营养学的医生害了你

作者：[美] 雷·D·斯全德
译者：吴卉
书号：978-7-5502-6973-6
定价：45.00 元（精）

- 《纽约时报》最佳健康畅销书。营养学的革命性经典著作，教你恢复疾病已经带来的致命性破坏。更新你的观念：健康不能光依靠医生与药物，更要靠自己。

生活

抗衰老饮食：阿特金斯医生的营养饮食计划

作者：[美] 罗伯特·C·阿特金斯
译者：仝雅青
书号：978-7-5596-1916-7
定价：60.00 元（精）

- 《纽约时报》畅销书，全球销量超过10,000,000册。《时代》年度最有影响力人物经典著作。这本书告诉你如何用饮食与营养物质全面抵抗衰老？

温度适宜的暖炉。与能被轻易满足的疯狂欲望相距甚远，友情是甜美柔和的情谊。肉体欲望会为灵魂的精神欢愉让步，而后者永不枯竭。这两者蒙田都有所体会，他认为这两种情感很好分辨。婚姻永远都是契约，而友情之中则毫无算计。不过，蒙田与拉波哀西的友情更为深刻，蒙田承认，这是因为拉波哀西的脾性独一无二，他能与自己绝对地心意相通。确实，拉波哀西的美德为他赢得了尊敬，不过，他的逝去也让蒙田发现了友情的奥秘。这份友情让两个人彼此融合，深入对方的心底，他们的莫名相遇几乎是命中注定的结果，他们的友情略过了渐进缓慢的认识过程，直接清晰地呈现在两人面前。

蒙田借助历史上的名人轶事来建立一种友情观，他认为，具有上文所述特征的友情要求对方必须是忠诚的——甚至凌驾于法律义务之上，也必须是小心谨慎的——不能违背朋友的信念。这种友情所要求的巨大承诺是绝无仅有的。一个人不可能拥有许多位这样的朋友。其实，一个人如果幸运的话，可以拥有一位这样的朋友。所以，蒙田讲述的并非一种友情观，而是他个人的友情经历，他深知自己那份友情的特殊性，因此并未将此作为范例。确实，拉波哀西去世的时候还很年轻，在他与蒙田相处的四年中，并未产生任何伤害这份友情的污点。不过，蒙田对友情的维护也值得我们去学习。

接下来我们要读的这个故事，你们可以把它读给自己的孩子或者学生们听。读完故事以后，你们还可以参考笔者给出的几种活动指导与他们进行互动，这些活动的部分内容是笔者根据蒙田的理论所设计的。

※

小王子和狐狸

那时，狐狸出现了：

"早上好。"狐狸说。

"早上好。"小王子礼貌地回答。他转过身，但是一个人也没看见。

"我在这儿，"那个声音说，"在苹果树下面……"

"你是谁？"小王子问，"你很漂亮……"

"我是一只狐狸。"狐狸说道。

"和我一起玩吧，"小王子向他提议，"我很难过……"

"我不能和你一起玩，"狐狸说，"因为我还没有被驯养。"

"啊！请原谅。"小王子说。

小王子思考了一会儿，问狐狸：

"'驯养'是什么意思？"

"看来你不是本地人，"狐狸说，"你在找什么吗？"

"我在找人。"小王子说，"'驯养'是什么意思？"

狐狸说:"人会用猎枪打猎。真麻烦!他们还会养母鸡,这是他们唯一的优点。你在找母鸡吗?"

"不是,我在找朋友。"小王子说,"'驯养'是什么意思?"

"这是件早已被遗忘的事情。"狐狸说,"'驯养'意味着'建立关系……'"

"建立关系?"

"没错。"狐狸说,"现在的你对我来说没什么特别,只是千万个小男孩的其中一个,我并不需要你。你也不需要我,因为现在的我对你来说也没什么特别,只是千万只狐狸的其中一只。但是,如果你驯养了我,我们就会彼此需要。对我来说,你将是世界上独一无二的小男孩。而对你来说,我也将是世界上独一无二的狐狸。"

"我有点儿明白了,"小王子说,"有一朵玫瑰花……我觉得她把我驯养了……"

"有可能,"狐狸说,"在地球上什么事都可能发生……"

"哦!那不是在地球上。"小王子说。

狐狸看起来对此颇有兴趣,他问:

"那是在另一个星球上吗?"

"是的。"

"在那个星球上有猎人吗?"

"没有。"

"真不错!那有母鸡吗?"

"没有。"

"看来没有什么事是完美的。"狐狸叹息道。

不过，狐狸又回到了之前的话题上：

"我的生活很单调。我狩猎母鸡，人类狩猎我。所有母鸡都长得差不多，所有人也都长得差不多，这让我觉得有点儿无聊。可是，如果你驯养了我，我的生活将会变得丰富多彩。我将能够辨认出你的脚步声。当其他人的脚步声让我躲回地洞时，你的脚步声却像动听的音乐，召唤着我走出洞穴。还有呢，你瞧，远处有一大片麦田，你看见了吗？我不吃面包，小麦对我来说毫无用处，麦田也不会让我想起任何东西。这多可悲啊！但你的头发是金色的，那么，如果你驯养了我，这将成为一件美妙的事！因为小麦也是金色的，它会使我想起你。当我看到风吹过麦田，我会多么快乐……"

狐狸停了下来，他目不转睛地看着小王子，说：

"请你……驯养我吧！"

"可以啊，"小王子回答，"但我没有那么多时间。我得去交朋友和认识新事物。"

"人们只会认识自己驯养的东西。"狐狸说，"人类已经没有更多的时间去认识什么了。他们都是从商贩那里购买现成的东西。不过，正因为不存在售卖朋友的商店，所以人类不会再有新朋友了。如果你想有一个新朋友，那就驯养我吧！"

"我该怎么做？"小王子问道。

"你必须有十足的耐心,"狐狸回答,"在最开始,你要坐得离我远一点儿,就坐在那边的草地上。我会用眼角的余光打量你,你什么话都别说。语言是产生误解的源泉。然后,你每天都可以坐得离我更近一些……"

第二天,小王子回到了这里。

"如果你每天都在同一时间来会更好,"狐狸说,"比如,如果你每天都在下午四点的时候来,那么我会从三点开始就感到幸福。并且,越接近你到来的时间,我就会越幸福。到了四点,我将坐立不安,并且体会到幸福的珍贵!但是,如果你随便什么时候来的话,我就永远不知道何时让心脏做好准备……有仪式是件好事。"

"仪式是什么?"小王子问。

"这又是件早已被遗忘了的事情,"狐狸说,"仪式是一件让某一天有别于其他日子,让某一个时间有别于其他时间的事情。比如,猎人们就有自己的仪式,他们每周四都和村里的年轻姑娘们跳舞。那么,星期四对我来说就是特别美好的日子!我可以一直散步到葡萄园呢。但假如猎人们没有这个仪式的话,那每天都会差不多,而我也就没有假期可过了。"

就这样,小王子驯养了狐狸。到了小王子再次出发的时候:

"哦!"狐狸说,"我要哭了。"

"这不怨我,"小王子说,"我本不想让你受到伤害,是你让我驯养你的。"

"当然。"

"那你别哭!"

"我当然要哭。"狐狸说。

"那你没有任何收获呀!"

"我有收获的,"狐狸说,"因为你,我爱上了小麦的颜色。"

狐狸又接着说:

"你再去看看那些玫瑰吧,你将会明白你的那朵玫瑰是世界上独一无二的。然后,你再来跟我道别,我会告诉你一个秘密。"

于是,小王子又回去看望那些玫瑰:

"你们一点儿也不像我的那朵玫瑰,你们还什么都不是。"小王子对她们说,"你们还没有和任何人彼此驯养。我的狐狸在被驯养前也和你们一样,只是千万只狐狸的其中一只。但是,因为我和他成了朋友,所以他成了世界上独一无二的狐狸。"

听了这番话,玫瑰们很不痛快。

小王子又接着说道:"你们虽然美丽,但是你们的美是空洞的。没人会为了你们去死。当然了,所有路人都会觉得我的玫瑰与你们并没有什么不同。但她比你们加起来还要重要,因为她是我浇灌的玫瑰。因为我为她遮风挡雨,为她驱走所有的毛虫(只留下两三只蝴蝶的幼虫)。因为我倾听了她所有的或抱怨或自得,甚至偶尔的沉默。因为她是我的玫瑰。"

说完以后,小王子回到狐狸那里:

"再见。"

"再见。"狐狸说,"我的秘密很简单:唯有心灵才能看清一切。眼睛有时是看不见本质的。"

"眼睛是看不见本质的。"为了记住这句话,小王子又重复了一遍。

"你的玫瑰之所以如此重要,是因为你在她身上花费了时间。"

"我在我的玫瑰上花费了时间……"为了记住这句话,小王子又重复了一遍。

"人们都忘记了这条真理。"狐狸说,"但你不能忘记。你要永远对你所驯养的东西负责。你要对你的玫瑰负责……"

"我要对我的玫瑰负责……"为了记住这句话,小王子又重复了一遍。

——安托万·德·圣-埃克苏佩里,《小王子》

✸

对话指导

1. 在狐狸和小王子之间存在友谊吗?为什么?

2. 你觉得一份优质的友谊都有哪些特点?

3. 狐狸对小王子说,要成为他的朋友,必须先驯养他。你觉得在人类身上也是如此吗?为什么?

4. 请你说出一些眼睛看不见的本质。狐狸的那句话是想表达什么？

5. 我们必须在重要的事物上花费时间吗？为什么？

6. 人类没有朋友是因为没有贩卖友情的商店吗？我们如何评价说这种话的人？

7. 朋友是独一无二的，他们也使我们变得独一无二。为什么？

8. 共同的回忆是一份友情的基础吗？从你的经历来看，也是如此吗？失去的友谊还能被找回吗？为什么？

9. 通过一份美好的友谊，我们能收获什么？

10. 狐狸对小王子说，从现在起他将对自己所驯养的东西负责。这话是什么意思？

游戏指导

拉手成圈

这个游戏需要五名以上的参与者。组织者让大家站成一圈手拉手，要求不能与相邻的人拉手。然后，所有人必须在不能松开手的情况下，想办法变成每个人都和相邻的人手拉手。完成这个游戏需要参与者彼此之间的交流与合作，整个过程会非常有意思。组织者既可以让参与者自由发挥，也可以让每个人在移动前说一句简单的自我介绍，比如"我叫（名字），我特别喜欢旅游"或者"我害怕蜘蛛"。组织者甚至可以把部分参与者的眼睛用布蒙住，让他们不得不选择信任同伴以及听从同伴的指挥。

艺术指导

仔细观察下面两幅图片，它们的主题都与生命中的喜悦有关。

《生之喜悦》——［法国］亨利·马蒂斯

《快乐的家庭》——［荷兰］扬·斯特恩

1. 按照你的观点，分析这两位画家为什么这样命名自己的作品？

2. 这两幅图中有对友谊的描绘吗？为什么？

动手实践

画一幅画送给朋友。你可以画一个具有象征意义的图案，比如一把打开心灵的钥匙或者一条结伴前行的道路。画好后，把它剪成纸片，制作成一个拼图游戏，再把它装进一个盒子里。把盒子包装好以后，送给自己的朋友。当你的朋友拼好这幅画的时候，他就能接收到你想传递的信息了。

07

卢梭
教育的作用是什么

> 人在青年时期学习智慧，
> 在老年时期付诸实践。
> ——让-雅克·卢梭

让-雅克·卢梭，1712年出生于瑞士日内瓦，1778年在法国埃默农维尔逝世。卢梭生活在启蒙时代，提倡民主和社会契约论，即人为了在社会中生存，必须放弃部分自由。他认为，是社会和文化习俗改变了自然状态下的人类天性。人类因受到社会和文化习俗的禁锢，而无法保留幸福、自由和善良的原始状态。私有制带来了利己主义，进而产生了不平等。唯有教育能够激发和强化孩童的天性，从而纠正这种不平等的现象，重新将人类从文化、道德和宗教偏见中解放出来。个人主义会使社会充满暴力，变得十分危险，只有教育才能将个人主义引至正确的方向，也只有基于共同利益之上的社会契约才能够让人们和谐公正地共处。于是，卢梭于1762年发表了著作《爱弥儿》。在那个时代，卢梭就已经察觉到技术在进步，他认为，要使科技进步与自然平等共存，那么社会制度必将经历变革。

在卢梭的设想中，原始人扎根于大自然，无忧无虑，人人平等。处在自然状态下的男人和女人仅依靠生存驱动力和同情心去行动。他们像孩子一样天真和慷慨，他们的感受、思想和行为是贯通一致的。

因此，在卢梭的思想中，大自然是价值之源，理应启发和引导教育的方向，防止真实的人性遭到扭曲和破坏。

那么，能使人摆脱恶习并尽可能保留天性的教育是怎样的呢？

首先，卢梭建议在教育中，先情感再理性，先欲望后认知。需求不仅推动了欲望的产生，也设定了欲望的界限。有的人可能会反驳说欲望是无止境的，但是卢梭确信，是社会习俗让欲望变得无边无际，而在大自然里，只有最基本的生存欲望，并没有利己主义或嫉妒心的存在。

其次，虚假的"进步"会为人类戴上无形的枷锁，并产生各种非自然需求。我们应当控制这类需求，只有当理性让位给自然欲望时，人类才能重获自由。

教育必须适应孩童的天性，要让他们快乐地成长，任何人都不应过分干预。卢梭认为，童年不是在为成年生活做准备。每个孩子都天生具备好奇心，他们应该因为受到好奇心的驱使而开展自主学习。教育的重心在学生和学习，而非教师和教学。

当然，就算是自发地学习，也不可避免地会感到沮丧、痛苦和危险。所有人都必须靠自己去学习找到自身的才能局限。

权威教育不仅会降低人的学习意愿，还会使学生失去自由，而自由则意味着能够恰当选择自己应当满足的需求和应当避免的幻想。因此，教师必须和学生保持一定的距离，让学生通过直接经验、游戏和娱乐等符合其天性的年龄特点来学习。在卢梭所处的时代，教育非常重视习惯的培养，而在卢梭看来，培养习惯的过程是非自然的，因此这种做法是可以废除的。

那么，在此教学提议中，理性可以发挥怎样的作用呢？根据卢梭的观点，理性是成年人的能力，是各种能力的综合，应当在童年时期之后发展。理性这一机能是复杂的，它是历经世事之后所得到的最终结果。然而，这中间的过程至关重要。只有先获得体验，才能形成理性。

接下来我们要读的这个故事，你们可以把它读给自己的孩子或者学生们听。读完故事以后，你们还可以参考笔者给出的几种活动指导与他们进行互动，这些活动的部分内容是笔者根据卢梭的理论所设计的。

被铁链锁住的大象

小时候,我对马戏表演非常着迷,其中我最喜欢的就是那些动物。后来我发现,我们所有人的注意力都集中在大象身上。在表演过程中,这头庞然大物展示了它非比寻常的重量、体积和力量……但是,在登台之前,大象的一只脚被锁链拴在一个钉在地里的木桩上。

不过,那个木桩特别小,而且被埋在土里的深度也只有几厘米而已。尽管那根链条十分粗重,但我觉得大象绝对可以轻易地拔起那个木桩逃走,毕竟它的力气足以将一棵大树连根拔起。

这显然是个谜:是什么困住了它呢?它为什么不逃走?那时候,我大约五六岁,仍然很信任大人们的智慧。于是,我拿着这个与大象有关的谜题去问了老师和家里的长辈。他们其中一个人跟我解释说,大象不逃走是因为它被驯服了。

我随即又问了一个显而易见的问题:"既然它被驯服了,那为什么要用链条拴住它呢?"

记忆中我从未得到满意的答复。

随着时间的流逝,这个关于大象和木桩的谜题被我抛诸脑后,只有当别人提出同样的问题时我才偶尔想起。几年前,我幸运地遇见了一位真正的智者，他为我解开了谜底：马戏团的大象之所以不逃走，是因为它从幼年时期开始就一直被拴在同样的木桩上。我闭上双眼，想象着刚出生的小象被拴在木桩上的情景。我确信，在那时，为了挣脱木桩，那只小象一定推过，拽过，大汗淋漓。然而，尽管它拼命地努力，也仍然没有成功。想必那个小木桩对它来说是难以撼动的。我敢肯定，那一天小象筋疲力尽地睡去，到了第二天、第三天、第四天……它还是在不断地尝试。直到有那么一天，那是对它的生命来说极其残酷的一天，它接受了自己的无能为力，向命运低下了头。

所以，我们在马戏团看到的那头体形巨大、力量无穷的大象，它不逃走是因为它觉得自己逃不走。它出生不久就体会到的那种无力感已深深刻在它的记忆里。最糟糕的是，它再也没有认真质疑过这段记忆。从此，它再也没有试试自己的力量。

我们人类活在这世上，有上百个木桩在牵制着我们的自由，我们都被自己记忆中的"我不能"所约束着。如果你想要知道自己能不能，唯一的办法就是用你的全心全意去再做尝试。

——［阿根廷］豪尔赫·布卡伊（Jorge Bucay）

💡 对话指导

1. 为什么大象不挣脱那个使它失去自由的锁链？

2. 你的自由有没有受到限制呢？

3. 你觉得人类把动物作为娱乐对象好吗？

4. 故事的主人公说他小时候十分信赖大人的智慧。你也信赖吗？为什么？

5. 驯服是剥夺自由吗？为什么？

6. 你觉得人类需要接受自己的无能吗？为什么？

7. 你认为人类有命运一说吗？为什么？

8. 你觉得我们应该如何教育孩子，才能让他们不要像本文作者说的那样，感觉自己被上百个木桩所牵制？

9. 你认为去尝试了然后失败和不去尝试哪种做法更好？为什么？

10. 在我们的生命中，运气会发挥某种作用吗？为什么？

💡 游戏指导

紧急输送

选一块空地，组织者把参与者分为三人一组，每组中的两名成员要负责把另一名成员从空地的一端运送到另一端。游戏的重点不在于运得快，而在于运得好。在每一组抵达终点后，成员之间互换角色，再次出发。重复几次。注意，每一轮都需要改变运输的方式，并且从理论上来说，被运送的成员不能触碰地面。关于不同运输方式的小提示：1. 可以使被运输者紧贴地面；2. 用"抬花轿"或者"骑大马"的方式；3. 如果把两个或以上的小组并在一起，那么大家可以探讨出更多的运输方式。

游戏结束后，组织者可以让大家聊一聊是如何想出不同寻常的新主意的。

艺术指导

卢梭不仅强调自由在教育中的重要性，他也崇尚自然，认为不应强迫孩子们改变他们的习性。仔细观察下面两幅摄影作品，你觉得它们的作者——西班牙摄影师切玛·玛多斯（Chema Madoz）想表达什么？

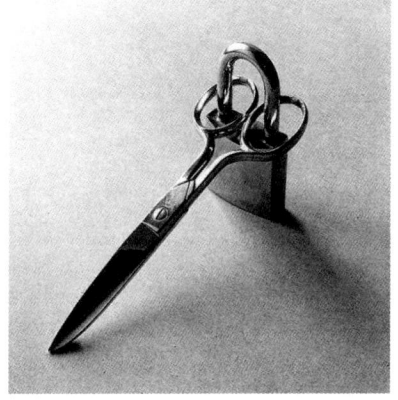

动手实践

请你仿照玛多斯的摄影作品,以几把钥匙和一块手表为对象拍摄一张照片,并为这张照片想几个不同的标题。

08

康德
我们应该做什么

权力即责任。

——伊曼努尔·康德

伊曼努尔·康德,1724年出生于普鲁士柯尼斯堡,1804年于同地逝世。除了离乡任教的几年,他几乎一生都在柯尼斯堡度过,从未远游。有一个略微夸张的传闻,据说康德每晚都在黄昏时分出来散步,而他的邻居们会以此来判断时间。康德是启蒙运动的集大成者,他试图通过整合理性主义和经验主义,使哲学更接近科学知识。根据他的观点,仅凭理性主义可能会导致教条主义——将经验排除在理性的范围之外——和顽固不化,而经验主义则会导致怀疑主义,对一切事物产生怀疑。康德开创了批判哲学,试图划定理性的功能和界限。而否定了理性本身的非理性主义则不在他的讨论范畴内，非理性主义还重视情感、信仰和主观主义。康德的批判哲学旨在回答三大问题：我能知道什么？我应该做什么？我可以希望什么？关于这三大问题的讨论引出了一个真正重大的问题：人是什么？

康德希望维护自由意志作为理性谨慎的最高价值，并避免向歪曲理性的道路倾斜。只有通过纯粹理性才能认识自然原则和实际，才能懂得自由行为的规则和人类应遵循的目标，以及达成目标所需要的条件。

那么，就本节的问题——我们应该做什么？——来说，康德在回答时，并未就具体行为进行描述，而是分析了如何做到与理性相一致，因为理性能为人类提供自由意志。康德也并未就人类的驱动力进行讨论，而是指出了哪些是引导人类道德行为和义务的原则。这就是下达命令的实践理性，它与纯粹理性不同，后者是做出判断。实践理性所下达的命令不涉及具体内容——比如不要偷盗或自杀，而是关乎形式。也就是说，康德所考虑的是履行义务的方式，而非内容。他既没有给出任何具体的建议，也没有提出某项所有人都必须遵循的善行。正因为他希望自己制定的道德观是普遍的，是面向全人类的，他才避免将此建立于经验之上。康德不想设定具体的行为准则，因为准则常常具有假设性质（如果你想……的话，那么你必须……），会妨碍人们自主做决定。

康德想要指出的是，不论形势或情况，人应该如何行动。

他认为，我们必须根据义务来行动，而非出于利益或好处，因为正确的行为本身不是途径，而是目的。举例来说，如果我们决定帮助一个摔倒的人，那么这不是因为我们想获取那人的尊敬或感谢，而是因为我们必须这么做。这意味着，行为的意图也十分重要。这就是康德提出的绝对命令（在任何情况和地点都必须遵守）："要只按照你同时认为也能成为普遍规律的准则去行动。"任何具体的行动都必须符合这条原则。作为第一条原则的补充，第二条原则是："永远不要把自己和他人仅仅当作工具，而应该看作目的。"此外，还有第三条原则："全部准则通过立法和可能的目的王国相一致。"

这些原则不约而同地指向一点，即人可以凭借自由意志去做决定，人可以战胜恐惧、偏好和欲望，可以自主选择道路，还可以通过知识、彼此之间的合作，以及遵循理性去建造一个永远和平与进步的社会。

接下来我们要读的这个故事，你们可以把它读给自己的孩子或者学生们听。读完故事以后，你们还可以参考笔者给出的几种活动指导与他们进行互动，这些活动的部分内容是笔者根据康德的理论所设计的。

石 匠

从前，有个名叫卡拉的石匠。他虽然生活清贫，但是人非常勤劳。尽管他和妻子生活的地方并不十分热闹，但是他们过得很幸福，与邻居也相处融洽。

一天，卡拉正像往常一样劳作，一辆马车停在了路边，一个富人探出头来向他问路。马车离开以后，卡拉感到非常嫉妒。虽然他继续干着活儿，但是他一点儿也开心不起来。他人生中头一次觉得阳光令人难以忍受，自己的两只手也疼痛不已。

突然，他把锤子扔到一边，一屁股坐在石头堆上，叹了一口气自言自语道："唉，假如我是个有钱人的话，我就不用在这儿砸石头了，我尽可以在别人工作的时候散散步！"这时，他听到一个浑厚的声音跟他说："卡拉，我这就把你变成有钱人。看，你的愿望实现了。"接着，不知怎么的，卡拉就发现自己正在一座豪华的宫殿里和妻子喝茶，身边还站着许多仆人。卡拉成了有钱人，他觉得自己很幸福。

一天，卡拉正在花园里，他看到国王坐着马车经过，那马车比他的要漂亮一百倍。和那辆马车相比，他所拥有的一切都黯然失色了。他叹息着说："唉，假如我不仅仅是个有钱人，而是个国王的话，我就能掌控一切了！"就在这时，他听见一个声音说："卡拉，我这就把你变成国王。看，你的愿望实现了。"接着，卡拉出现在了一座金碧辉煌、铺满大理石的宫殿里。他坐在红色天鹅绒的椅垫上颁布各条法令，大臣们都毕恭毕敬地听着。卡拉觉得自己很幸福。

一天，卡拉正和大臣们散步，天气炎热难耐，原来是太阳在炙烤大地。国王卡拉喊道："给我来点儿水，我快喘不过气了！"他喝了水，但是很快又渴了。卡拉抱怨道："太阳比国王厉害多了。我真想变成太阳啊！"这时，他再次听到那个声音说："卡拉，既然这是你的愿望，那我就把你变成太阳吧。"于是，卡拉发现自己高高地挂在天上，他真的变成太阳了。卡拉的光芒强有力地照射着大地。

但是，有一天，一场猛烈的暴风雨袭来，乌云遮住了强大的太阳。于是，卡拉想变成暴风雨，他的心愿再次被实现了。

卡拉凭着怒火摧毁了一切……他自我感觉十分强大，于是又高兴了起来。直到有一天，他遇见了挺拔高傲的山。暴风雨卡拉拿山没办法，因为山比他更强大。所以，他想变成山。当卡拉实现愿望后，他再次找回了幸福的感觉。

然而，有一天，卡拉听见一阵响动。他觉得好像有什么在叮他，或者在挠他的脚底板。卡拉看向自己的山脚，远处有个小黑点儿，是一个男人正在凿山取石。卡拉大叫："我命令你停下！"但是那人不为所动，继续平静地干活。

于是，卡拉觉得山不是最强大的，人类才是，他想要变回人。就这样，他再次成了一名石匠。

他听见那个声音对他说："卡拉，现在你明白了吧？没有什么比人类更强大。绝不要心存嫉妒，生而为人就足以使你幸福。"

※

对话指导

1. 为什么卡拉总是对什么都不满意？
2. 我们能说卡拉是个自私的人吗？为什么？
3. 卡拉有停下来思考一下自己的愿望吗？为什么？
4. 如果所有人都像卡拉这样，你觉得世界会变成什么样？
5. 这个故事是如何定义幸福的？你赞同这种定义方法吗？
6. 在每次变身之后，卡拉都变得更睿智了吗？为什么？
7. 卡拉是个好丈夫吗？他是位好国王吗？为什么？
8. 你觉得卡拉会担心自己行事是否正确吗？为什么？
9. 你想给卡拉提出什么建议？
10. 为什么故事里说人类的力量是最强大的？你同意这个观点吗？

> 游戏指导

贴标签

准备一些空白标签,并在每个标签上分别写一个表示人性格的形容词(比如和蔼可亲的、不爱干净的、爱撒谎的、爱拍马屁的,等等)。参与者们背朝里围成一圈,由组织者负责把标签贴在每个人的额头上,贴的时候注意不要泄露标签的内容。

接着,组织者告诉参与者,他们将进行一次长途旅行,现在需要选一个人做旅伴。如果参与游戏的人是单数,那么其中一个人可以担任观察员,观察员将能够从更客观的角度描述自己的感受。

游戏结束后,组织者让大家一起来聊聊关于下列问题的感受和思考。

1. 你选了谁?他是你的朋友吗?
2. 你在做选择的时候,有考虑到标签的内容吗?
3. 你有没有因为对方所贴的标签而拒绝他?

最后,组织者再请大家想一想,被选中的人有何感受,而被拒绝的人又会有怎样的感受。通过这种方式,大家将会更了解那些因为偏见而被区别对待的群体(比如吉卜赛人、阿拉伯人、残疾人等)及其感受。

> 艺术指导

下面这两幅画是波兰艺术家帕维尔·库钦斯基（Pawel Kuczynski）的作品。请你仔细观察，并说说这两幅画反映了什么问题。如果要你来解决这个问题，你会怎么做？

> 动手实践

请你把石匠卡拉的故事用漫画的形式表现出来。

09

尼采
生命需要创造力吗

> 凡是懂得"为什么"而活的人,总能知道"怎么做"。
>
> ——弗里德里希·尼采

弗里德里希·尼采,1844年出生于普鲁士洛肯,1900年在德国魏玛逝世。保罗·利科认为,有三位哲学家可以被称作"怀疑大师",尼采便是其中之一,因为他质疑了许多构成西方哲学核心的假设。尼采的作品致力于批判文化、宗教和西方哲学,他要用"铁锤"将其逐一毁灭。

尼采的激情体现在他的文字上,他的写作富有诗意,充满了个性化色彩,还有大量强有力的、结构多变的语句——格言。这些都增加了人们解读尼采思想的难度。

关于本节的问题,尼采的回答是用美学的方式来理解现实,也就是说,用艺术来理解世界、来让人与世界建立交流,以及去歌颂超越了理性的生命。艺术作品是存在的表现形式，是创作为生命赋予了价值。因此，人们必须具有创造力，倾听自己的愿望。这就是尼采所说的"权力意志"，它应该被理解为创造力，与苏格拉底提出的理性的力量相对立。尼采认为，人类必须朝一种新的模式发展，拒绝被过度的理性所束缚，宣扬激情的智慧。到那时，人类将不再关心真理，转而重视生命的真实性。这类自由人的出现受到众多约束：上帝的存在或宏大的道德观，这些都是泯灭人性的，必须废除。大自然和新人类之间需要和解。然而，新人类将会更阳光、更难被欺骗，他将会意识到创造常常就等同于苦难。接受生命就是接受死亡和不幸。从这个意义上来讲，尼采十分清楚并接受，在人的一生中，理性原则（以太阳神阿波罗为象征）和生命意志（以酒神狄俄尼索斯为象征）之间会产生冲突。人终有一死。这是无法回避的现实。我们必须有创造性地利用生命，为存在赋予意义。

尼采对理性的抗拒在他颇为黑暗的字里行间得到了印证。

尼采攻击以基督和苏格拉底为首的西方传统，将文化的衰落归咎于他们。尼采控诉他们以"真相"的名义，将一些阻碍自由的信念强加给人们。尼采拥护生命，坚信艺术应支配理性。诗人和悲剧表达人性本质的方式比理性思维更真实。理性仅仅是无能者所拥有的潜能罢了。狄俄尼索斯是美酒与狂欢之神，他与理性之神阿波罗相对立。命运对抗理性的谎言和欺骗。理性是胆怯的避难所，是在圆满和非理性的生命面前选择颓废。因此，必须找回消失的英雄主义。根据尼采的观点，寻找真正的价值会经历重视土地与热爱生命的过程。新人类自己创造了自己，无须上帝参与，他们是自由的。在新人类身上，不再有两个绝对原则——善与恶——的对立。只有一个超越善恶的原则，即生命。新人类已然出现。

拥有自我意识的新人类会首先清除有关上帝的思想，不再认为有天堂或地狱。他们会遭受一定的痛苦，但将不再受束缚，而是能够自由行动与获得新生。

人是自由的，也是有能力的，这就是"权力意志"。人可以在自己的能力范围内做任何想做的事。他们既是自由的创造者，也是命运的奴隶。尼采还提出了"永恒轮回"的概念，作为上述矛盾说法的总结。历史的轮回无穷无尽，可以减轻人类终有一死的痛苦。

如此一来，人便可以被归为两类：主人，能够放弃理性的梦想；奴隶，无法放弃理性的梦想。后者因为自己的不满和怯懦，会试图阻止前者获得胜利，他们躲在看似崇高、实则虚假的信念背后，随时准备投降，以避免直面自己对自由的恐惧，而自由却是产出创造力的唯一种子。

接下来我们要读的这个故事，你们可以把它读给自己的孩子或者学生们听。读完故事以后，你们还可以参考笔者给出的几种活动指导与他们进行互动，这些活动的部分内容是笔者根据尼采的理论所设计的。

小男孩

从前，有个小男孩，他开始上小学了，学校对小小的他来说很大。不过，他发现教室的一扇门是临街的，可以直接从那里走进教室，小男孩很开心，也不再觉得学校巨大无比了。

一天上午，老师在课上说：

"今天我们来画画。"

"太好了！"小男孩心想。

小男孩很喜欢画画。无论是狮子、鲨鱼，或者小鸡、奶牛，还是火车、轮船，他统统都会画。于是，他拿出自己的颜料盒，开始画了起来。

但是，老师却说：

"等一下！还没让你们画呢。"看到小朋友们都放下了画笔，老师才接着说："好，现在我们来画花朵。"

"太好了！"小男孩心想，因为他非常喜欢画各种花朵。于是，他用粉色、橘色和蓝色的颜料画了几朵美丽的鲜艳花朵。

但是，老师却说：

"等一下！我来教你们怎么画。"说完，她画了一朵红花，并配上了绿叶。"好了，现在大家可以开始画了。"老师说。

小男孩看了看老师画的花，又看了看自己画的花，他更喜欢自己的作品，但他什么也没说。他把绘画本翻到新的一页，照着老师的画，画了一朵红花配绿叶。

又有一天，老师说：

"今天我们用黏土来做手工。"

"太好了！"小男孩心想，因为他非常喜欢玩黏土。他可以捏出小猴、水果、飞机、金龟子等各种各样的东西。小男孩感到很兴奋，立马动手揉捏起黏土球来。

但是，老师却说：

"等一下！还没让你们开始做呢。"看到小朋友们都停下了手中的动作，老师才接着说："好，现在我们来做一个盘子。"

"太好了！"小男孩心想，因为他很喜欢制作盘子。于是，他开始捏一些形状、大小各异的盘子。

但是，老师却说：

"等一下！我来教你们怎么做。"说完，她演示了一下汤盘的做法。"好了，现在大家可以开始做了。"老师说。

很快地，小男孩学会了先等着看老师怎么做，再照着做，他再也不会独自动手了。

后来，小男孩一家搬去了另一座城市。小男孩也换了新的学校，这所学校比之前那所还要大，他的教室离街道很远。他必须爬上高高的台阶，穿过一条长长的走廊，才能到达自己的教室。

小男孩在新学校上课的第一天,老师说:

"今天我们来画画。"

"太好了!"小男孩心想,然后他就等老师告诉他画什么。

可是,老师什么也没说,她只是在教室里踱步。当老师走到小男孩身边的时候,她问道:

"你不想画画吗?"

"想啊,"小男孩回答说,"我们画什么呢?"

"你画了我才知道呀。"老师说。

"我怎么画呢?"小男孩问。

"你想怎么画都可以。"老师说。

"随便用什么颜色都行吗?"小男孩问。

"随便用什么颜色都行。"老师说,"如果你们都用同样的颜色来画画,那我要怎么分清楚谁画了什么呢?"

"好吧。"小男孩说,然后他画了一朵红花配绿叶。

——[美国]海伦·巴克利

对话指导

1. 为什么小男孩最后画了一朵红花配绿叶?

2. 故事里的两位老师在教育儿童的方式上有何区别?你

觉得哪位老师更优秀？为什么？

3. 你觉得小男孩曾经是有创造力的吗？为什么？

4. 如何才能让一个人有创造力？

5. 在你看来，过度教导有时会产生负面效果吗？为什么？

6. 创造力和自由有关系吗？为什么？

7. 创造力和反叛有关系吗？为什么？

8. 我们必须听从领导者的指挥吗？为什么？

9. 我们可以跟故事中的小男孩说些什么来帮助他成长呢？

10. 说一说你能用黏土制作的东西。

游戏指导

图画接龙游戏：四到五人一组，每人准备好画笔和一张A4纸。根据组员人数，每个人把纸折成四或五等份。游戏步骤如下：

1. 首先，每个人在纸最上面的区域内画一个人、动物，或其他东西的头部或顶端，注意不要让别人看见你画的内容。

2. 在传给左边的人之前，将你画好的部分向后折起，只留下1厘米宽的图让下一个人可以接着画。与此同时，你会接到右边的人传来的纸，让你来接着画。按照这样的方式传递，到了游戏结束的时候，所有纸上的每个区域应该都被大家画好了。

3. 画完以后，大家把纸展开，看看得到了怎样一幅画。

每个人都可以为自己手中的那幅画命名,也可以试着描述一下画的内容,描述时无须考虑是否符合逻辑。

💡 **艺术指导**

下面这两幅画是波兰画家吉斯凯·尤科(Jacek Yerka)的作品,请你在仔细观察后,口头描述这两幅画给另一个人听,而对方则需要在没看过原作的情况下,尝试根据你的描述来画出这两幅画。画完以后,你可以把它们和原作比较一下,看看发生了什么。

💡 **动手实践**

请你模仿吉斯凯·尤科的画风,画一只神奇动物。

010

维特根斯坦
必须对所有事发表意见吗

> 哲学是人类为了反抗自己的智慧被语言所蛊惑而进行的斗争。
>
> ——路德维希·维特根斯坦

路德维希·维特根斯坦,1889年出生于维也纳,1951年在剑桥逝世,是一位满怀激情的语言哲学家。三位兄长的自杀深刻影响了他的一生,认识维特根斯坦的人都认为他优秀并且强势。维特根斯坦捍卫的思想十分多样,不过,总的来说,哲学被他理解为一种实用疗法,并且可以用美丽诗意的文学语言来表述。在他的《文化与价值》一书中,可以读到许多具有哲理的语句,引人深思。比如:"好在我不受他人影响""没有人能代替我思考,就像没有人能替我脱帽一样"。关于本节的问题,尤其下面这句话能对我们有所启发:"凡是可以说的,必须说清楚；凡是不可说的，必须保持沉默。"

正如上文所述，维特根斯坦饱受痛苦的折磨，尽管如此，他并非一个悲观主义者。健康源自于对世界的清楚理解，哲学就是获得健康的途径之一。维特根斯坦认为，哲学问题常常是由错误地使用语言和表达意见时语意不明而引发的。据此，他就清晰与晦涩、沉默与误用语言进行了比较，并建议人们去怀疑语言，小心那些由成见而生的陷阱。在此意义上，与其说维特根斯坦是一位认知哲学家，倒不如说他深悉沉默的智慧。他懂得思考的重要性，不提无法作答的错误问题，不创造实为语言陷阱的理论。人们应学会沉默。

对维特根斯坦而言，哲学不是社交活动，而是个人活动。一个人，无论接收了多少他人的思想，都必须独自研究哲学。所有个体都只能依靠自己去获得思想上的平静。并且，一个人必须通过写作去思考和走出独一无二的道路。为了说明哪些是对语言和理性思维的错误应用，维特根斯坦多用示例和比喻，从不长篇大论。总而言之，语言不是一种逻辑网格，而是在历史和时间的共同作用下所产生的混乱结构。语言为每个人都提供了一个独特的世界，而我们就被困在那个世界里。那么，我们的任务就是从中解脱，为此，我们需要独自研究哲学。语言无法让我们理解世界，沉默才是神秘的美学奇迹，唯有从沉默出发，我们才能够真正地理解世界，因为相较于语言结构，世界更是一种反映和表现。世界虽然令人费解，但它是物质的，没有脱离物质的存在。

那么，我们能做什么呢？我们既不能一言不发，也不能停止思考，如此一来，直至死亡，我们都无法做到真正的沉默。

此外，维特根斯坦所生活的文化和文明自称一直处于进步之中，就好像它的未来一定会优于过去似的，这令他觉得毫无伟大可言，充满了虚无感。科学与技术代表了一种近乎宗教式的全新范例，让人误以为它们是万能的。理性貌似能解决所有问题，组织完美的社会——无论是自由的，还是共产主义的。艺术的目标也不再是帮助人类进行表达，而是变成了永恒的创新源泉。人类成了新事物的奴隶，唯有沉默能与之抗衡。

人类的沉默既无法改变世界，也并非万能，只能试图以独特的方式存在于这个世界。我们无法避免意外发生，只能选择面对意外时的态度。我们可以选择感同身受或视而不见，不过我们需要注意不被意外所影响，因为无论我们愿意与否，它都会发生。如果我们能保持沉着冷静，那么就将获得幸福，学会一笑而过，避免"活在痛苦中"。面对死亡带来的焦虑，人们会尝试用各种想法来自我宽慰。而在此情形下，语言就是多余的。沉默必须存在，因为我们一不小心就会落入语言的陷阱。

接下来我们要读的这个故事，你们可以把它读给自己的孩子或者学生们听。读完故事以后，你们还可以参考笔者给出的几种活动指导与他们进行互动,这些活动的部分内容是笔者根据维特根斯坦的理论所设计的。

※

变色龙

奥楚蔑洛夫督察身着崭新的军大衣,手里拿着一个小包,穿过市场广场。他身后跟着一个红头发的巡警,拿着一个筛子,里面装满了没收来的醋栗。四周静悄悄的,广场上不见任何人的踪影。店铺和酒馆的门大开着,就像饥饿的嘴,可怜巴巴地张着,而那附近连个乞丐都没有。

突然,奥楚蔑洛夫听见有人大叫:"小畜生,你咬谁呢?伙计们,可别让它跑了!竟敢咬人,快抓住它!哎哟,哎哟!"

传出一阵狗叫声,奥楚蔑洛夫循着声音转过头,看见从彼楚金的木柴仓库里窜出一只狗来,它用三条腿跑跳着,不停地左顾右盼。有个男人在它身后紧追不舍,那人穿着浆过的棉布衬衫,敞着坎肩,整个身体向前倾斜。终于,他扑倒在地,一把抓住了那只狗的后腿。又传来一阵狗叫和人的喊声:"别让它跑了!"这时,从店铺里探出了一些满是倦容的脸,很快,木柴仓库边就聚集了很多人,仿佛是从地里冒出来的。

"长官,出乱子了!"巡警说。

奥楚蔑洛夫转身朝人群走去。就在木柴仓库的门边,他看见了那个敞着坎肩的男人,他已经从地上爬了起来,正举着右手让众人看他那根鲜血淋漓的手指。他醉醺醺的脸上好像写着:"看我不扒了你的皮,小东西!"那根举着的手指就像一面胜利的旗帜。奥楚蔑洛夫认出那人是金银匠赫留金。在人群中间,一只白色的小猎犬正趴在地上直哆嗦,它的脸细长,背上有一块黄斑。它泪汪汪的大眼睛看上去既痛苦又害怕。

"发生什么了?"奥楚蔑洛夫挤进人群中间问道,"怎么回事?你在这儿举着手指干什么?刚才是谁喊的?"

"长官先生,我可没招谁惹谁。"赫留金捂着嘴轻咳一声,解释了起来,"我来跟密特里·奇谈事情,这条死狗无缘无故就咬了我的手指一口。请您见谅,我是个手艺人,全靠这双手吃饭。得让狗主人赔偿我,因为我可能一个星期都动不了手指了。长官先生,法律上可没写人还要受动物给的罪。要是所有的畜生都咬起人来,那我们最好还是不要活了。"

"嗯!你说的没错。"奥楚蔑洛夫清了清嗓子,皱着眉头继续说道,"那么,这狗是谁家的?这事儿得好好管管,我要让各位老爷都把狗给我拴好了!是时候给那些不遵守规定的人一些颜色瞧瞧了。等到交罚金的时候,那些可怜虫就知道往街上放狗或其他畜生的代价了。我要让他们牢记这个教训!

叶尔德林，"奥楚蔑洛夫转身对巡警说，"你去查一下这是谁家的狗，再打份报告上来。至于这狗嘛，必须处理掉，一刻也不能耽搁！它绝对是条疯狗。嗯，有没有人知道狗主人是谁？"

"是席加洛夫将军。"有个声音说道。

"这是席加洛夫将军的狗？嗯！叶尔德林，帮我把大衣脱掉。这天怎么这么热！肯定是要下雨了。话说回来，有件事我没明白：它怎么咬到你的？"奥楚蔑洛夫转身面朝赫留金继续说道，"它个头这么小，能够得着你的手指？你可是高大得很！我看你应该是敲钉子的时候不小心伤到了手指，然后扯出这么个谎。再说……我还不知道你是什么样的人吗！见鬼了，你们这些家伙是什么德行我一清二楚！"

"长官先生，他把烟凑到狗嘴边想寻开心，结果人家狗可不笨，咬了他一口。长官先生，他总是干这种事。"

"独眼龙，你说谎！你什么也没看见，瞎说什么？长官先生是明眼人，他肯定能看出来咱俩谁在说谎。我要是说谎，自有治安法官会审判，人家可是懂法律的。现在咱们是人人平等了。再说一句，我的一个兄弟就是宪兵。"

"少废话！"

"不，这不是将军的狗。"巡警若有所思地说，"将军没有这样的狗。他养的都是大猎犬。"

"你确定吗？"

"我确定，长官。"

"我就知道。将军的狗可都是很昂贵的名种犬，而这只狗，鬼才知道它是什么！它毛色不纯，还少一只脚，真令人作呕。将军怎么可能会有这样的狗？你们也不用脑子想一想？假如这只狗出现在匹兹堡或者莫斯科的街头，你们知道它会有怎样的下场？那儿的人可没有闲工夫管这些破事，当下就会把它咔嚓了！赫留金，你受伤了，这事儿我们要管到底。是时候给他们点儿教训了！"

"这狗也许是将军的，"巡警自言自语道，"它又不会把名字写在脸上。那天我在将军家院子里看到的狗跟这只很像。"

"这绝对是将军家的狗！"人群里有人说。

"嗯！叶尔德林，帮我把大衣穿上。好像降温了，我都打战了。你把狗带去将军家问一问。告诉他是我找到的，派人送给他。再告诉他们把狗看好了。说不定它是只高贵的名犬，要是随便哪个邋遢鬼都往它嘴边塞烟的话，它很快就会没命的。狗可是娇贵的动物。还有你这个蠢货，把手放下来，我们已经看腻了你那根愚蠢的手指！你完全是自作自受！"

"那不是将军家的厨师嘛，我们问他好了。喂，普洛诃！过来这边！看看这狗，是你们家的吗？"

"说什么呢！我从没在家里见过这样的狗！"

"行了！"奥楚蔑洛夫说，"这就是只野狗。多说无益，真是浪费时间。既然我说这是野狗，那它就是野狗。必须处死它，就这么办。"

"这不是将军的狗，"普洛诃接着说，"是将军哥哥的狗，他是几天前来的。我们将军不喜欢猎狗，但是他哥哥却很喜欢。"

"将军的哥哥来啦？是乌拉吉米尔·伊万尼奇吗？"奥楚蔑洛夫问，他的脸上露出春风般温暖的微笑，"天啊！我都不知道这件事呢。他是来看望将军的吗？"

"是的。"

"真好啊。将军十分想念他的哥哥呢。你看，我都不知道他来了。所以这狗是他的？那真是太好了。你把它带走吧。小家伙没什么问题，精神好着呢，还咬了那个笨蛋的手指！哈哈哈，哎哟，你为什么发抖呀？哟呵，它生气了，真调皮。快把这小可爱带走吧。"

普洛诃叫上那只狗，一起从木柴仓库走了。大家都嘲笑起赫留金来。

"我以后再跟你算账！"奥楚蔑洛夫恶狠狠地说，他紧了紧大衣，重新走回了市场广场。

——［俄国］契诃夫

💡 对话指导

1. 你觉得作者把这部短篇小说命名为"变色龙"的原因是什么？
2. 请你给这篇小说另取一个题目，并说说理由。
3. 奥楚蔑洛夫的说法为什么变来变去？
4. 你觉得奥楚蔑洛夫是一个三思而后行的人吗？为什么？
5. 你认为奥楚蔑洛夫说的话值得一听吗？为什么？
6. 赫留金的手指被咬到底是谁的错？为什么？
7. 小猎犬是否属于将军这个问题会对事情的结果产生什么影响？
8. 你对这件事的处理结果满意吗？为什么？
9. 奥楚蔑洛夫原本要处罚小猎犬的理由是什么？
10. 奥楚蔑洛夫赦免小猎犬的理由又是什么？

💡 游戏指导

小癞子

把参与者分成两组，其中一组人用布蒙住眼睛扮演盲人，另一组则扮演向导，即小癞子。由向导来选择盲人，而盲人则不能知道自己的向导是谁。由向导带领盲人行动，这个过程持续十分钟，彼此之间不能交谈。然后，两组人互换角色，再由向导来选择盲人。如此一来，所有参与者都能获得做向导和做盲人的体验。注意，这个游戏不是障碍物赛跑。参与者可以发挥自己的想象力让游戏内容更丰富，比如：制造出一些不同的声响，放开盲人的手一小会儿，让盲人通过触觉来感受一些物品，等等。每个人不仅要关注自己的内在情绪，也要用心去体会对方的内心感受。

游戏结束后，大家一起来聊聊有什么收获。为了强化参与者的感官体验，建议游戏在安静的氛围下进行。

艺术指导

下面图片中这两组雕塑引发了不少争议，请你试着：

1. 为它们命名。
2. 解释它们想要表达的是什么。

动手实践

请你以寂静为题，画出或者用橡皮泥捏出一个雕像。作品完成后，请你说说自己的创作理念。

011

阿伦特
何为恶

> 恶从来都不是"根本性的",它只是极端的。恶不仅毫无深度可言,也与魔鬼沾不上边。而恶之所以能无节制地生长并将整个世界瓦解,正是因为它可以像真菌一样在地表蔓延。
>
> ——汉娜·阿伦特

汉娜·阿伦特,1906年出生于德国汉诺威,1975年在美国纽约逝世,是一名政治理论家,经历过纳粹统治的最黑暗时期。希特勒上台后,鼓吹雅利安人优越主义,并开始了对犹太人的残害,这导致阿伦特曾于1933年被短暂拘禁。因此,她移民至美国,于1951年成为美国公民。她总是称自己为政治理论家,与议会民主制相比,她更支持直接民主制。阿伦特曾亲身遭受极权主义的迫害,她对此做出的反思使其成为当代哲学的重要代表之一。不过，尽管她为了犹太人争取权利而再三发声，但她却坚决反对将犹太民族看作天选之民族。"二战"后，她回到德国，用笔记录下纳粹主义造成的灾难性后果。

在哲学上，阿伦特总是回避绝对且封闭的道德观。关于自身所经历之事，她毫无顾忌地发表意见，却经常因有悖常理而受到猛烈的批判。阿伦特有一个自由的灵魂，她认为多元化——尊重差异的多样性，每个人都拥有建立共同利益的平等权利——才是社会共存的最佳方式。

关于本节的问题，阿伦特是从自己的真实经历出发，对极权主义进行的审视。1961年，阿伦特以记者的身份参与报道了对德国纳粹高官阿道夫·艾希曼的审判。艾希曼是"二战"中最终解决方案和犹太人种族灭绝计划的主要负责人之一，在阿根廷被抓捕后，他被运送至以色列进行审判，并于1962年被处决。

为解释何为恶，阿伦特提出了两个关键问题：是否存在绝对的恶？是什么让热爱家庭的普通男女容忍邪恶，甚至去行恶？对此，阿伦特写成了《集权主义的起源》和《艾希曼在耶路撒冷》这两本书，我们可以在书中找到问题的答案。

根据阿伦特的观点，假如恶人都是心理变态或是因一时冲动而丧失人性，那么对世人来说会更容易接受。我们常常倾向于将恶当作一种例外，不在日常生活的范围内。因此，我们并不在意恶从何而来，也不关心它再次出现的可能性有多大。而阿伦特认为，恶只不过是一种幻觉。我们的观念是形而上的，不同于20世纪极权政权下的男男女女，他们的见证和经历是切肤之痛。极权主义之恶并不是非理性的，而是在"一切皆有可能"的前提之下，对落入其爪牙中的人民予以毁灭性的打击。

极权主义借助对意识形态和恐惧的传播，趋向消灭任何与自己世界观相左的存在。极权主义通过控制一切社会政治生活，凭借密集的宣传和强大并且暴力的秘密机构，成功做到了对人民意识的掌控和思想的灌输。这个过程的有效性建立在人们随时成为受害者的可能性之上，它需要消除人们的疑虑并灌输一种思维模式，再让人们做出与该思维模式相对应的制式化行为。极权主义者有条不紊地除去受害者的人性，这种去人性化的过程最终将死亡变成了一种不记名的无意义行为。

阿伦特建议我们跳过那些伟大的演说，直接去倾听受害者的真实经历和讲述。受害者的个人和集体权利被逐步剥夺，并最终成为导致同伴不幸死亡的主谋之一。这是一个完全由理性——绝不是非理性——支配的过程。这种残暴最终使受害者萌生对死亡的渴望，完全转让出自己的个性与意识。"极致的恶"就是这样大获全胜的，我们之所以对此无法理解，是因为同情心的产生过程是感性而非理性的。

此外，阿伦特还强调，去人性化过程也同时消除了刽子手的人性。艾希曼的例子就是印证，阿伦特本以为会在他身上发现一个嗜血成性的怪物，然而，他却是别人眼中深爱孩子的父亲和友善的好邻居。艾希曼无法进行自主思考，因为极权主义将不可置疑的绝对服从刻在了他的脑海里。杀害其他人类变成了例行公事的官僚主义，他的个人意识丧失了话语权。服从就是大写的美德，这个口号——就好似偶像崇拜——取代了一个人的道德观。同情心和理解力经由极权主义道德观的削弱而不复存在。艾希曼的恶并非绝对的恶，而是"平庸之恶"，因为他无法进行有批判性的思考，他所有的同情心都被极权主义的社会准则抹去了。他的冷酷盲从和官僚主义将他变成了一个平庸的杀人犯。艾希曼的平庸之恶不在于他所犯下的野蛮罪行，而是致使他那样去做的意图。当一些人在无情地思考如何建造有效的杀人机器之时，沉默的大多数则出于平庸而接受成为他们的共犯。阿伦特认为，这就是极权主义的两面性。她隐晦地警示人们：恶还会再次发生，因为它的产生机制就存在于人类的天性中，并没有什么特别。

各位读者可以和自己的孩子或学生们一起，利用下面这个故事来学习汉娜·阿伦特的理论。

山鲁佐德如何避免了杀身之祸

很多很多年前,在遥远的东方土地上,有一位国王名叫山鲁亚尔,他深受百姓的爱戴。

有一次,山鲁亚尔外出狩猎后提早回宫,可当他回到宫殿时,却发现自己的妻子正和一个年轻的仆人热情相拥。

"唉!"山鲁亚尔啜泣道,"我感觉心里有一团烈火在燃烧!"

他立即下令将两人斩首。然而,山鲁亚尔的愤怒并未因此而平息,王后的背叛仍然使他怒火中烧。他的脸上毫无生气,美味佳肴也令他难以下咽。

山鲁亚尔召来了王国的宰相,命他每天送一名女子入宫。当天晚上,山鲁亚尔会先和这名女子成婚,但到了第二天,当黎明的曙光出现时,他就会想起妻子的背叛,阴霾便转瞬间笼罩他的脸庞。于是,他满怀对所有女人的仇恨,下令将那名女子斩首。许多年就这样过去了,山鲁亚尔还是没能获得内心的和平与安宁。而在此期间,王国里的所有家庭都生活在恐惧之中,为了拯救自家女儿的性命,人们纷纷逃离了这里。一天,国王像往常一样命令宰相送一名女子入宫。可是,宰相倾尽全力也没能找到任何符合条件的女子,他悲伤地回到家中,心里十分害怕,不知该如何面对国王的怒火。他心想:"今晚国王一定会将我处死的!"不过,宰相有两个美丽的女儿,大女儿名叫山鲁佐德,小女儿名叫敦亚佐德。其中,要数山鲁佐德尤为温柔贤淑,端庄大方。据说她饱读诗书,熟知历代国王的故事,对远古历史也了如指掌。除此之外,她还能背诵各个诗人、国王和智者的作品。她不仅聪明过人,而且十分谨慎和机敏。她还善侃侃而谈,人人都爱听她说话。当她见到父亲愁眉不展,便问道:

"父亲,你为何忧容满面?"

宰相把事情从头到尾跟女儿叙述了一遍。听完后,山鲁佐德说:

"父亲,请让我和国王结婚吧!我保证让所有姐妹从此不再落入山鲁亚尔的魔掌,就算真要像千万的女子那样去赴死,我也心甘情愿!"

宰相回答说:

"女儿,你不能如此冒险啊!"

但是,山鲁佐德心意已决,几番争论之后,宰相也不再坚持,只命人打点好女儿的家当,自己则动身前往宫殿通知国王这一消息。待父亲离开后,山鲁佐德便叫来了妹妹敦亚佐德,吩咐她道:

"我入宫以后,会让国王召见你。你到了以后,找准时机,当着国王的面对我说:'姐姐,你给我们讲个有趣的故事吧,让我们一起开开心心地度过这长夜。'然后,我就会讲很多很多的故事,如果上天保佑的话,这些故事将能拯救这个国家的所有女子。"

没过一会儿,宰相回来了,他即刻领着大女儿前往国王的宫殿。见到山鲁佐德的美貌,国王十分欣喜,他问宰相:

"今晚我将和这位女子成婚吗?"

"是的。"宰相毕恭毕敬地回答。

然而,当结婚典礼结束,国王想接近自己的新娘时,山鲁佐德却哭了起来。国王问她:"你怎么了?"

山鲁佐德叹了口气说:

"噢,伟大的王啊,我有一个妹妹,希望您开恩让我见她最后一面,与她告别!"

国王当即派人去将敦亚佐德接来。敦亚佐德很快就到了寝宫,她在床脚边舒舒服服地坐了下来,说道:

"姐姐,你给我们讲个有趣的故事吧,让我们开开心心地度过这长夜。"

山鲁佐德回答道:

"只要宽宏大度的国王准许,我是非常乐意的。"

国王本来就毫无睡意,此时便表示愿意听她讲故事。这是山鲁佐德在皇宫的第一夜,她开始讲商人的故事:有一次,商人途经沙漠,落入了魔鬼之手,魔鬼说要杀掉他,商人为了自救,给魔鬼讲了一个又一个精彩的故事。就这样,直到

天亮山鲁佐德也没有讲完这个故事。不过,她在故事最精彩的地方停住了,不再讲下去。她的妹妹敦亚佐德说:

"噢,我的好姐姐!你的故事真是引人入胜啊!"

山鲁佐德回答:

"与我接下来要讲的故事相比,这些不值一提,就看陛下是否会宽恕我的性命了。"

国王心想:"听完故事的结局再处死她也不迟。"于是,国王安稳地睡了一觉,这是多年以来的头一次。醒来之后,国王前去主持政务。而宰相则带了一块裹尸布来,准备为山鲁佐德收尸。可是,他看见国王忙于审理案件,以及处理分配和罢免职务等事宜,直到日落才结束工作。宰相困惑地回到家中,当他得知女儿从新婚之夜存活了下来,他甚至感到有些震惊。国王处理完政事后,便回到寝宫休息。这是两姐妹在宫中的第二夜,敦亚佐德请求姐姐将商人与魔鬼的故事讲完。山鲁佐德说:

"只要宽宏大度的国王准许,我是完全乐意的。"

国王对商人的结局无比好奇,他下令说:"你可以开始讲了。"

山鲁佐德便继续将商人的故事讲下去。她真的机灵极了,到了新一天的清晨,敦亚佐德和国王已经在听一个新的故事了,但他们自己却对此浑然不觉。当山鲁佐德看到天边的日光时,她就在最精彩的地方停住不讲了。于是,她的妹妹敦亚佐德说:

"噢,我的好姐姐!你讲的故事是多么动人啊!"

山鲁佐德回答说:

"与我接下来要讲的故事相比,这些不值一提,就看陛下是否会宽恕我的性命了。"

国王心想:"听完故事的结局再处死她也不迟,这故事确实很精彩。"于是,国王放松地睡了一觉,上朝的时间比昨天更迟了一点儿。宰相和其他官员涌入大厅,国王开始处理审判、任命、撤职等政务,解决问题和发号施令,直至夜晚降临。工作结束后,他站了起来,回到自己的寝宫。敦亚佐德说:

"我的好姐姐,请你把故事讲完吧!"

山鲁佐德回答:"我非常乐意。"

跟前一晚一样,在黎明时分,山鲁佐德停在了故事最精彩的地方。而国王为了知道故事的结局,再一次推迟了妻子的死期。到了第二天清晨,当敦亚佐德赞叹新故事十分有趣时,山鲁佐德回答道:

"但是渔夫的故事比这还要有趣得多呢。"

国王好奇地问她:

"渔夫的故事讲的是什么?"

"我明晚会讲给你们听的,"山鲁佐德说,"如果我有幸还活着的话。"

于是,国王心想:"听完渔夫的故事再处死她也不迟,那故事应该很精彩。"在接下来的日子里,国王都做了同样的决定。山鲁佐德总能说出新的故事，并懂得停在故事的最精彩之处。她还会将不同的故事融合在一起，借前一个故事的主人公之口来讲述一个新的故事，以此循环往复……一个故事套着另一个故事，山鲁佐德的故事无穷无尽，为她多延续了一天、一周、一个月、一年……的生命。就这样，在度过了536个平安无事的夜晚后，山鲁佐德开始讲航海家辛巴达的故事。辛巴达的冒险奇遇故事环环相扣，又让山鲁佐德讲了30个夜晚，并且还传到了我们的耳边。

☀

对话指导

1. 你觉得山鲁亚尔国王是一个心肠狠毒的人吗？为什么？

2. 宰相没有阻止无辜少女去送死，你觉得他是一个坏人吗？他为什么没有阻止那些少女入宫？

3. 是什么驱使山鲁亚尔国王杀掉他的每一任妻子？复仇会让我们变成凶狠毒辣的人吗？为什么？

4. 王国里为什么没有人起义反抗山鲁亚尔？

5. 山鲁佐德最终成功地感化了国王吗？要是被放在现实生活中，你觉得会很难做到吗？

6. 你觉得这个故事中的女性得到了与男性同等的对待吗？为什么？

7. 国王宽恕了山鲁佐德的性命是因为他懂得了公平、公正的含义吗？为什么？

8. 山鲁佐德是善良的代表吗？为什么？

9. 国王的第一任妻子被斩首是罪有应得吗？为什么？

10. 你会如何定义恶？人们心中的恶是由什么引发的？

游戏指导

帕克和帕佳的故事

人们会在社会中被同化，从而认为一些事情取决于人的性别。这个游戏的目的是让大家看看我们对男性和女性的感知与期望是否存在区别。

游戏内容：将参与者分成两组，最好将两组分隔开。组织者将两张一模一样的照片分别发给两组人，并且对其中一组人说照片里的人叫帕克，对另一组人说照片里的人叫帕佳。接着，组织者让两组人在纸上写下大家对照片主角的第一印象，并且对其做一个简短的描述。接着，再给两组二十分钟的时间，让大家想象一下帕克或帕佳的生活，包括穿衣、性格、学习、工作、休闲、家庭、朋友、伴侣等方面。然后，组织者重新将两组人集合在一起，先给大家展示一下那两张照片（这时大家会发现照片是同一张），再让大家说说他们讨论的结果。组织者需要引导大家打破对不同性别的刻板印象。

💡 **艺术指导**

下面这两幅图片的主题都是恶,请你试着:

1. 给它们取一个标题。

2. 和同伴讨论图片所传递的信息,并从自己的角度谈一谈你是否同意作者的观点。

💡 **动手实践**

人的善或恶通常不会写在脸上。请你在纸上画一个普通人，画好后把他剪下来。现在，假设这个人的外貌完全是其人格的反映，那么请你在纸的背面重新画出这个人的样子。然后，大家一起来谈谈前后发生的改变。

012

弗洛姆
占有和存在何者更重要

过去，人类面对的是变成奴隶的危险。

而未来，人类将面临的则是变成机器人的风险。

——艾瑞克·弗洛姆

艾瑞克·弗洛姆，1900年出生于德国法兰克福，1980年在瑞士穆拉尔托逝世，是一名精神分析心理学家。由于受到法西斯主义的迫害，弗洛姆被迫于1934年流亡美国，并最终成为美国公民。他毕生都在批判既定真理——尤其是传统哲学中的真理，并选择使用哲学所特有的系统性怀疑方法。他拥护以人为本的社会主义，控诉自由资本主义的不平等。弗洛姆也维护人类自由，支持和平主义，反对战争，特别是越战。他著作等身，在各部作品中都高度宣扬了对生命的热爱。

关于本节的问题，弗洛姆用一本书的篇幅做出了解答。

在此，笔者将尽量简明扼要地归纳出他的主要论点。弗洛姆认为，西方人自己已然变成了一种消费品。他们都被一个虚假的承诺所欺骗，那就是：金钱可以买来幸福，并且无限的进步最终可以让全世界获得幸福。这一自由主义的前提产生了消费社会和不平等的世界秩序，各种喜好都是人为创造的，其中以广告尤为突出。在消费社会中成长的人温顺并缺乏创造力，他们的一切行为都听从政治经济领域统治精英的预测和决定，而不是去寻找自己生命的意义。与人类相比，他们更像机器人。对此，弗洛姆的建议十分明确：在重占有和重存在这两种存在方式中，我们必须舍弃前者，选择后者。为此，他要求我们重读世界历史文明经典——他所认为的人生导师有耶稣和释迦牟尼等——并进行反思。他推断，在西方社会，"人即是他所占有的"。而理解重存在这种存在方式就更为困难，因为存在更重视质量而非数量，眼界而非视力，倾听而非听觉，能动而非被动，给予而非接受，慷慨而非积蓄。

重存在的存在方式是我们每个人与生俱来的，为了巩固这种存在方式，弗洛姆提出了新人类和社会的概念，并对其特点进行了归纳和描述。

新人类应该拒绝囤积，远离物质的枷锁，将对生命意义的找寻建立在爱的基础上。幸福源自分享和对生命的尊重。为了获得幸福，新人类还必须与贪婪、仇恨以及容易变成偶像崇拜的错误幻觉做斗争。新人类必须认清自己的存在有何弱点，将所有意志与恒心致力于尊重周围一切有价值的事物，并做出富有建设性的批判。新人类必须培养有创造性的想象力，与此同时还必须保留天真。新人类必须防范欺骗，发展负责任的自由，关注他人和大自然。总而言之，新人类应该和他人一起共同成长，做到不排斥任何人。

新社会则应避免"表里不一的技术法西斯主义"，各类存储设备都被装满了内容，人类的内心却空空如也，毫无价值。为了健康地消费，生产需要被合理化，并确保有钱有势之人不会享有优先权。在重新制定民主制度之后，所有社会成员都应作为自由公民积极地参与政治活动，而该民主政体需避免官僚化和权力集中。这个新社会将限制广告和虚假宣传，也会试图弥合富国与穷国之间的鸿沟。弗洛姆也提出了众多举措，其中一项是设定最低年收入，以保障人民的尊严和父权制之下的女性自由。

技术知识将为人民服务，科技领域的专家会以清晰易懂的方式给予人们建议，让人们了解不同选择会带来的后果。接下来，会轮到核裁军。归根结底，这都是理性与感性的结合，因为两者都是人性的组成部分。

接下来我们要读的这个故事，你们可以把它读给自己的孩子或者学生们听。读完故事以后，你们还可以参考笔者给出的几种活动指导与他们进行互动，这些活动的部分内容是笔者根据弗洛姆的理论所设计的。

小红帽的故事之狼的版本

关于小红帽的故事，除了人们所熟悉的版本，我听说还存在其他的版本。为此，上周末我特地开车去了森林，想试试看能不能采访到狼。虽然路途遥远，但功夫不负有心人。狼的讲述被我原封不动地记录了下来：

我住在森林里，这里是我的家。森林对我来说非常重要，我全心全意地爱着它，总是尽全力地照顾和清扫这片家园。我尤其喜爱那些盛开的小野花和大树嫩绿的新枝。

一天，阳光灿烂，我正在一片空地上清理垃圾，想着有些游客的素质堪忧。就在这时，我听见了一阵脚步声。我察觉到可能有危险，便赶紧跑到一棵树后面躲了起来。我悄悄探头，看到一个小女孩沿着小径走来。她的小细胳膊上挎着一只篮子，正沿路采摘鲜花和嫩叶。

也许是因为她的姿态，也许是因为她奇怪的穿着（一身红衣服，还用兜帽遮住了头，好像不想让别人看出她是谁似的），反正我对她有一种说不清道不明的不信任感。很自然地，我将她拦住，询问她是谁、从哪里来、带着篮子要去什么地方。于是，她跟我讲了一个莫名其妙的故事，和她的外婆有关，她篮子里装的是要送给外婆的午饭。

她看上去挺诚实的,但是,她不该在我热爱的森林里采摘鲜花和嫩枝,并且她的打扮着实可疑。因此,我决定给她一个教训,让她懂得在森林里行走不仅要光明正大,更不能破坏花草树木。

我放她继续上路,然后我从另一条路跑去了她的外婆家。我把自己的想法告诉了那位慈祥的老太太,她也认为自己的外孙女缺乏一个小小的教训。我们商量的结果是让老太太藏在床底下,没听到我叫她就不能出来。

当小女孩开门进来时,我已经穿上她外婆的睡衣躺好了。小女孩兴冲冲地跑到床边,看了我一眼就开始对我评头论足,那些话让我很不开心。她先说我有"一对巨大的耳朵",我曾经就被别人这样辱骂过。为了缓和一下气氛,我说那对"巨大的耳朵"可以将她的话听得更清楚,而我这么说是想让她感觉亲切。

然而,紧接着,她就对我那对"凸出的眼球"做出了一些颇具攻击性的评论。由此,诸位可以想象,我对那个小鬼的看法自然而然地就改变了。我认为,在她美丽的外表下,藏着一个爱伤人的讨厌家伙。尽管如此,我还是尽力控制住了自己的怒气,对她说我的大眼球可以将她看得更清楚。不过,她接下来的侮辱性话语则确实让我的忍耐达到了极限。

没错,她注意到了我巨大的牙齿,她指着我捧腹大笑。我怒不可遏,把自制二字抛诸脑后,从床上一跃而起,朝她大吼说我的牙齿是为了"将她更好地吃掉"。

全世界都知道，事实上，任何一头狼都无法吃掉一个小女孩。但是这个小疯子在整个屋子里跑来跑去，叫声凄厉无比，我试图追上她，帮她恢复平静。

我还脱下了老太太的衣服，想让小女孩认出我来，但这却让事态更严重了。

突然，大门被踹开，护林人带着斧头出现了。看到他，我明白事情麻烦了，正好我身后有扇窗户开着，于是我就迅速地从那里跑走了。

我倒想说这就是故事的结局，但事实并非如此。老太太从未替我来告诉大家事情的经过。所有人都说我是个讨厌的大坏蛋。全世界都在躲着我。

我不知道那个奇装异服的小女孩现在怎么样了，但我可以告诉诸位的是：从那天起，我就没再过上幸福平静的生活。

我很感谢你，因为事情过去了那么久，终于有人想试着了解我眼中的事实了。

我在这森林中的时日已所剩无几，所以我什么也不想要，包括恢复名誉，我只希望大家能读一读上面的这些话。我也希望你的读者们在听故事的时候，可以意识到，尽管很多故事是根据事实改编的，但是总免不了会遗漏部分信息，连同一个场景都可以催生出不同的故事。

☀

> 💡 **对话指导**

1. 你觉得狼和小红帽对森林的感受和想法，以及在森林里的生活方式是一样的吗？

2. 你觉得为什么人们都熟悉小红帽版本的事情经过，却根本不知道还存在狼的版本？

3. 和你所熟悉的故事相比，狼的版本有什么改变？

4. 事实是如何建立起来的？只通过堆砌各种信息吗？为什么？

5. 狼说有各种关于他的流言。流言是什么意思？

6. 你觉得我们能轻易地从流言中脱身吗？为什么？

7. 小红帽的外婆没有从狼的角度把事情经过讲出来的原因会有哪些？

8. 你觉得护林人是怎么看待事情经过的？为什么？

9. 狼的外貌使他和小红帽之间产生了误会，这是怎么一回事？

10. 外婆和狼原本想给小红帽一个怎样的教训？你觉得这是小红帽应得的吗？为什么？

> 💡 **游戏指导**

组织者将参与者分成几个小组，并给每组发一幅拼图游戏。所有的拼图游戏必须片数相同，并且都是正方形图案（拼图可以自己制作：将厚纸板或者木板切成正方形，再分割成不规则的小块）。

这个游戏是比赛拼图的速度，最先拼好的那组获胜。组织者先设定一段时间（比如一分钟），大家需要在这个时间之内完成拼图，要求是不能说话、讨论，组员之间也不能互相帮助。如果大家都无法在这个时间内完成，那么组织者可以延长一段时间（再给大家一分钟），要求是不能说话、讨论，但是组员之间可以互相帮助。

游戏结束以后，大家说说看怎样是赢得比赛的最佳战略。每组成员之间是如何沟通的？现在，大家把每片拼图想象成一种基本需求，再把一幅拼图想象成基本需求的整体。如果让你在没有他人帮忙的情况下单独完成一幅拼图，那么是会更容易还是更困难？要是把这个问题中的拼图换成需求呢？我们能够仅靠自己来满足自身的所有需求吗？我们人类的基本需求有哪些？我们可以在没有动植物的情况下满足这些需求吗？动植物的基本需求又是什么呢？动植物应该享有权利吗？为什么？

然后，大家再一起聊聊，在满足所有需求时，给予、合作、互动，以及不将任何人边缘化的重要性。我们应该如何完成生命的拼图呢？

> 艺术指导

仔细观察下面两张照片，并回答问题。美国摄影师皮特·门泽尔（Peter Menzel）走访了来自不同国家的二十个家庭，拍下了一组照片，照片里是家庭成员以及他们一周所需要的食物。

美国北卡罗来纳州

乍得

1. 这两张照片有什么相同和不同之处？你怎么看待这些差别？

2. 有人说"饮食反映了人们的生活",你同意这样的说法吗?为什么?

3. 假设这位摄影师计划再拍摄一组类似的照片,这次以"我们的行李箱"为主题,你觉得那些家庭的行李箱里会是什么样的呢?

动手实践

你的行李箱里面都装了些什么?把它画出来吧。与来自不同文化背景的人相比较,你觉得你们行李箱里装的东西也会不一样吗?为什么?

结　语

谈谈沉默

　　有暴躁的、苦涩的、不言而喻的、美好的沉默；有强烈的、不幸的、富有魅力的、催人入眠的、让人无能为力的、恰到好处的沉默；也有易变的、高尚的、如雪的、凄楚的、愤怒的沉默；还有悦耳的、诱人的、无处不在的、空虚的沉默；甚至有将隐藏的真理大声宣读出来的沉默。此外，无论何时，沉默都是思考的必要条件！

作为本人哲学观的总结，笔者想开诚布公地与大家谈一谈哲学这门儿童的必修课。

笔者认为，人类必须避免落入幸福的陷阱。近年来，各种自助类书籍层出不穷，试图教人们如何过上幸福的生活。而哲学是一门令人不安的、充满质疑和批判的学问，它不能确保人们获得幸福。哲学不是打开幸福之门的钥匙，它更像一所答疑解惑、教授批判和讽刺课程的学校。幸福是一张完美的白纸，每个人可以凭感觉填充内容。并且，每个人都有自己对幸福的定义，比如，有人说幸福就是福利、财产、健康、平静和快乐。注意，生命并不简单，这个复杂的问题无法用三言两语来说清。生命就是演练与犯错。生命既是难以理解的，也是无法预测的，充满了偶然，以及美好和糟糕的瞬间。我们让孩子学习和探索哲学，并不意味着他们能就此避免所有的恶。

他们的生命将会有许多随机和偶然。我们做着幸福就是圆满的美梦，幻想着幸福会被建造成一个宜居的国度，当我们到达幸福之国时，便将护照和公民权统统丢弃，只为再也不离开那里半步。很抱歉，笔者对此并不赞同，这个美梦不过又是一件经不起任何推敲的产品而已。幸福与命运无关，因为幸福是一个有意识的决定，最终能让我们的内心恢复宁静。由随机和偶然所带来的不确定性令人难以忍受，在面对不确定时，我们的责任重大，但是，假如我们有了明确的前进方向，那么就无须承受这些痛苦，只需深信自己一定会踏上快乐之路。笔者认为选择生活在随机和偶然之中并非易事，因为这给悲伤留下了可乘之机。当悲伤无法避免时，我们有两种选择：自怨自艾或从中学习。当快乐来临时，我们也有两种选择：想当然地认为快乐不会离自己而去，并在它飞走的时候沮丧不已，或者，虽然意识到快乐是善变的，但仍然珍视并全心全意地热爱快乐！当偶然出现的时候，是避而不见还是凭经验去面对，由我们自己决定。

因此，孩童必须学习哲学，为了看清世界，不轻信虚假的诺言。诚然，把现实当作某种法律条款去遵守更为简单。把事情本就如此当作前提，把沉默和服从当作结论。笔者认为，一旦被许以幸福健康——没有痛苦、无须努力、不需要有激情和梦想，我们就不再清醒地生活了。在这种情况下，我们以为就算自己处于缺乏批判性的松弛状态，也会有接连不断的新事物按照我们的意愿去发展，无条件地满足我们的愿望。但事实正好相反。在不看、不听、不去感受，只享受却不去质疑的幸福陷阱中，隐藏着很多状况，批判和真理会使这种幸福陷入危机。谁会不顾一切地舍弃幸福呢？事物的本质既复杂又令人痛苦，必须被平庸取代。爱会不时地让人备受折磨，必须被性取代。人们靠遍布社交网络的笑脸获得幸福，所以现实纽带必须被虚拟关系所取代。不存在遗憾一说。如果团结意味着责任和行动，并且必须舍弃承诺带来的舒适感，那么也不存在团结一说。平等不过是一个鼓励奋斗的空口号，因为它会扰乱我们需要的平静生活。这就是伪装成美女的专制。没错，专制的伪装一定是年轻纯洁的美女，因为对他们来说，衰败从来都不是美丽的。人们必须学会闭上眼睛生活，这样才不会走出"常规"。笔者觉得，各位应该都读出了上文中的讽刺语气。并且，专制连哲学都驯服了，那阴险的牛虻质疑所有的确定性，只为巩固自己的信仰。那么，幸福会不会是专制的一种形式呢？或者是贫穷的一种形式？抑或，是一种伪装？

不，我们不要向孩子许诺幸福。让我们教会他们为真理、批判性、创造力，以及成为负责任的公民而奋斗，并以自由为最终目标。哲学不会让人内心平静，恰好相反：它用各种问题对安全感发出挑战，质疑既定的思想和权威，以积极的方式激发忧虑，让存在变得更加复杂和强烈。2015年，法国哲学家罗热－保尔·德鲁瓦（Roger Pol-Droit）用优美的笔触写道：

"存在可以被看作是一块拼布，其中理性与非理性纵横交错。生命与死亡、狂喜与痛苦、希望与失望、忍耐与急躁……当然，还有幸运与不幸。它们彼此之间有着无尽的纠葛。

"哲学家小孩也许并不比别人更幸福，但他的视觉和听觉一定都张开着，目的在于捕捉周遭之事，并且不为虚假的承诺所轻易欺骗。他头脑清醒，以便自由地做出选择，并按照自己的决定来生活。他也拥有感受和体会的自由，这会引导他走向真正的快乐。真正的快乐既是具体的，也是可即的。"

从词源上看，"幸福"（西班牙语：felicidad）一词与"丰饶"（西班牙语：fecundidad）有关，这给了我们一条理解幸福一词含义的合理线索。笔者从来都不喜欢在提及幸福时说有打开幸福之门的钥匙，因为这意味着幸福是一扇阻止我们继续前进的门。与此相反，笔者一直认为，幸福是变幻的风景，生气勃勃，你可以根据自己选择的态度来决定是否去享受这风景。在笔者看来，幸福是圆满的表姐妹，虽然圆满更接近狡黠的老巫婆，常常给我们设置陷阱。如果我们认为圆满就是实现所有愿望，那我们终会感到沮丧，因为愿望是无止境的，但我们人类却不是万能的。反过来，如果我们把圆满当作丰饶的时空，在那里，自我会被我们所致力于的事业吸引和超越，那么我们终将能够享受幸福风景，活在当下，而不是落入对过去的怀念或徒劳的希望。在那短暂的瞬间，美妙的风景会暂时留存，让我们发现获得幸福是可能的，但是留住幸福却是不可能的，也就是说，在去留之间，幸福更偏向于去，而不是留。是的，我们可以把幸福想成是伸手可得的，不过，我们也要明白幸福更取决于人的内心而不是身外之物。那么，我们要做的不是在获得幸福后裹足不前，而是记住去哪里找幸福——幸福就在我们的一举一动之中，遍布于快乐的各个瞬间里。

我们这些人认为，没了哲学就不能活，恐怕我们是少数派。是这样没错，就让我们接受这个事实。哲学在学院中独自美丽，失去了创新的一面，变成了不再踏上生命之路的鬼魂。既没人在乎哲学对确定性的钻研起到了净化系统性的作用，也没人在乎哲学在其他时代因追求理性而不畏权势。这就好比表演还要继续，评论家却已然不再重视演出的意图、途径或因果，有绯闻或报复情节就已足够。表象足以取代让我们不安的复杂性，只要有人替我们思考，我们就不用自己思考。哲学在真理和近乎真理之间的不妥协从表面上看似乎是解决了。面对哲学对真理的渴望，我们却选择放弃对哲学的追求，轻信并满足于最笨拙的刺激。

笔者呼吁世界能始终为人们提供学习哲学的可能性，即使是在隐秘的洞窟中，或是在集会中，都要让我们这些热爱哲学的人能够谨慎地赞美它，我们不会虚张声势，让别人感到不安！哲学的价值也在于它对共同利益的重视，让我们将哲学传授给自己的孩子和学生们吧。

也许只有笔者认为人类的共同利益是可以实现的愿望，世界不能缺少同理心和尊重。笔者无法忽略他人存在的意义和必要性，也做不到只为利益和需求而活。因此，笔者认为，共同利益的存在是一种必需，它是我们探索周围世界的最小公分母，让我们跨越自己，去理解他人。

并且，男人和女人一起组成了各种小组。当我们想加入某个小组时，必须遵守一些正式或非正式的规定。所有小组都设有成员必须一起达成的目标，这就决定了我们必须并肩前进，走哪条路、用怎样的方式都由我们自己选择。我们编织的纽带和关系让我们成了公分母。我们并非活在真空之中，而是生活在某个社会和某种文化——包括物质和非物质——当中，我们可以接受那些社会文化准则，或者对其进行讨论，但无论如何，它们都以这样或那样的方式影响和塑造着我们。

此外，我们也和很多人共享意识形态，这使我们拥有共同的首要奋斗目标。

另一方面，我们每个人都有独特的遗传基因，将我们划分为不同的个体。并且，我们的生活经历和所处环境也是独一无二的。面对同一件事情，我们会产生不同的行动和反应，这一点把人与人区别开。一个人的记忆、感觉和想象力是个体的核心所在。那么，我们应该如何去做、去适应或者去面对呢？困境只会在不幸中出现，从本质上说，幸福是具有适应性的。那么烦恼呢？这就需要具体问题具体分析。如果某个烦恼是可以避免的，那么我们必须尽全力去避免；如果某个烦恼是不可避免的，那么我们就必须接受它，学习如何让它尽可能少地影响我们的生活。

笔者懂得卓有成效的对话和人类天性是儿童哲学教育的基础，我们每个人都有必须履行的基本社会责任，会利用职业和个人能力去同情和帮助他人，与此同时，我们也会感谢他人慷慨给予我们的所有帮助。我们只是这个世界的过客，我们应该尊重那些推动世界前进并造就无数可能性的世世代代，没有他们，就没有文明，只有一片片丛林和那些为了个人利益而牺牲他人的野蛮行为与权力之争。

哲学并非毫无用处，它不是一种非必要的奢侈品，它用平静的声音开拓世界，造就了懂得自主思考的公民，而不是奴颜婢膝的被统治者。以色列历史学家尤瓦尔·赫拉利（Yuval

Noah Harari）认为，我们生活的世界已经与根深蒂固的过去一刀两断。在今天，没有人能预测未来，因为变化发生的速度正将我们置于人类在历史长河中从未见识过的处境。新事物发生如此之快，以至于我们越来越难以适应。我们的孩子和学生将必须为地球和人类采取日益关键和复杂的决策。技术革命将迫使他们必须清楚了解各种决定的局限性和后果。基因工程能战胜死亡吗？不惜任何代价？所有的疾病都能被打败吗？对所有人来说都可以吗？我们最终会造成大部分物种的灭绝吗？地球能承受未来的技术发展程度吗，还是说会发生无法控制的灾难？逐渐出现的挑战不仅需要人们大量的反思，也需要人们对创造力的良好管理。我们将需要由道德来取代进步吗？既成事实能重新来过吗？哪些现有路线将是最终需要探索的，我们无从得知，也无法为此做准备。因此，有必要设定一个价值观和决策标准，这将对人类生存起决定性作用。我们的孩子应该做到以下几点：自主思考、衡量和提出替代方案、判断结果并采取决定。哲学既是认知，也是质疑和自我要求，它能感知现实和探索极限，看上去是一个保障人类共同拥有未来的良好战略！

法国哲学家让-保罗·萨特（Jean-Paul Sartre）曾说，人类的存在先于本质。这个反思值得笔者与大家分享。人类一出生便存在，但这个存在没有任何目的，也就是说，我们的出生没有特定的目的。一把椅子的存在是为了让人坐，椅子被设计出来就是为了满足这个功能。人类既不是被设计出来的，也不具有任何功能。因此，我们必须做出选择，不同的选择会产生不同的存在。在这件事上找借口没有用，因为不做选择，随波逐流，也是一种选择。社会的本质先于其存在，我们可以自由面对社会并对此负责。我们的前几代人从自身出发设计并划定了社会的各种功能，而我们则可以利用个人和集体的自由权去接受或挑战社会。可以肯定的是，躲避自由的人，都会被懒惰所奴役！

笔者用卡里·纪伯伦（Kahlil Gibran）的一句话开启了本书，纪伯伦捍卫懂得感受的智慧、会发出质疑的哲学，以及将孩童考虑在内的伟大。那么，让笔者用下面这个关于两只狼的小故事做结尾，故事想要说明的是在生命中研究哲学和进行感受的必要性。

一位苏族老者正在和他的几个孙子进行一场关于生命的谈话。他对他们说：

"我的内心有两只狼，它们之间正在发生激烈的争斗。其中一只狼代表了卑劣、恐惧、愤怒、妒忌、痛苦、仇恨、贪婪、高傲、罪过、不满、卑微、谎言、傲慢、竞争、优越感和自我欣赏；另一只狼则代表了善良、快乐、和平、爱、希望、平静、谦恭、温柔、慷慨、仁慈、友谊、共情、真实、同情和信仰。这场对决正在各位以及地球上所有人的内心进行着。"

在大家沉思了好一会儿之后，其中一个孩子问老者：

"爷爷，那您觉得哪只狼会获胜呢？"

老者简短地答道：

"你喂养的那一只！"

以希腊神话中坦塔罗斯的故事为鉴，我们时常把力气用在嫉妒和渴望遥不可及的事情上，虽然现在的我们已经足够优秀，拥有的也足够多，但我们却并不对此觉得感激。我们一生都在为自己即将被满足而欣喜万分，却没发现完满不过是一个无底的梦境，易逝且失衡。欲望让我们片刻不停，还总以相伴其左右的愤怒为养料。圆满就像令人难以亲近的贵妇，总是打扮得容光焕发。也许圆满诱惑我们的秘诀就在于，当我们没有在寻找它时，它会悄然出现在隐秘的角落，而我们被烟火所蒙蔽的双眼很难察觉它的存在。圆满就像低调的萤火虫，总是出现在暗处，并消失在我们点燃的光亮中，虽然我们这样做只是为了更好地看清它！我们都知道，小孩为了能看见一只萤火虫并和它嬉戏会有多努力！

教育不能只是为了培养儿童的个人能力而制订的计划。教育不是为了拯救某个人——甚至以惩罚他人为代价——而设。我们的孩子应该创造未来，从遗忘的手中拯救过去。因此，笔者认为他们需要懂得什么是有责任感的自由、平等、共情与和平。当然，他们也必须努力获得批判能力、自主性和创造性，改善处于衰败中的可能导致人类毁灭的民主。他们需要学会正确地说话和写字，不仅是用热情，更是要用理性去维护自己的观点。他们还需要学会诚实正直，对创造更美好的世界负责；改善自身和周围的一切，成长为值得尊敬的人；对于毁坏人类成果的行为绝不妥协，捍卫人类的尊严。在这个世界上，有数百万的人在受苦，我们不能只是单纯地教育儿童去适应这样的世界，教育应该谴责一切不平等和不公正。儿童应该与他人对话，听取别人的意见并进行反思，再倾听自己对此做出的批判。他们应该去了解他人，并为他人的苦难伸出援助之手，因为在对他人脆弱的同理心中，我们通常会感受到人类的有限。教育的内容应该包含创造一个更美好的世界，以及理解和爱护这个世界。而哲学就完全可以帮助我们达成这个目标！

参考书目

CALDERS, P., *Cosas aparentemente intrascendentes y otros cuentos*, Madrid, Nórdica, 2017.
CARROLL, L., *Alicia en el país de las maravillas*, Barcelona, Plutón, 2010.
DE PUIG, I., *Fer filosofia a l'escola*, Vic, Eumo, 2012.
DEWEY, J., *La teoría de la valoración*, Madrid, Siruela, 2008.
DROIT, P., *La filosofía no da la felicidad... ni falta que le hace*, Barcelona, Paidós, 2015.
FREIRE, P. y FAUNDEZ, A., *Por una pedagogía de la pregunta*, Madrid, Siglo XXI Editores.
FREIRE, P., *Pedagogía de la autonomía*, México D. F., Siglo XXI, 2006.
GAARDER, J., *El mundo de Sofía*, Barcelona, Empúries.
GARDNER, H., *Inteligencias múltiples: la teoría en la práctica*, Barcelona, Paidós, 1998.
HARARI, N., *Sapiens. Una breve historia de la humanidad*, Barcelona, Edicions 62, 2014.
HART, R., *La participación de los niños en el desarrollo sostenible*, Barcelona, Pau, 2001.
HAMIT, M., *Cómo hacerse asquerosamente rico en el Asia emergente*, Barcelona, Anagrama, 2013.
HEMMER, M., *¿Te atreves a soñar?*, Barcelona, Paidós.
HUIZINGA, J., *Homo Ludens*, Madrid, Alianza Editorial, 2004.
LAKOFF, G. y JOHNSON, M., *Metáforas de la vida cotidiana*, Madrid, Cátedra, 2005.
LIPMAN, M. et al., *La filosofía en el aula*, Madrid, Ediciones de la Torre, 1998.

LIPMAN, M., *El lloc del pensament en la educació,* Barcelona, Octaedro, 2016.
LIPMAN, M., *Pensamiento complejo y educación,* Madrid, Ediciones de la Torre, 2014.
MALAGUZZI, L., *Los cien lenguajes de los niños,* Barcelona, Asociación de Maestros Rosa Sensat, 2005.
MÈLICH, J. C., *Filosofía de la finitud,* Barcelona, Herder, 2002.
MORA, F., *Neuroeducación,* Madrid, Alianza, 2013.
SAINT-EXUPÉRY, A., *El Principito,* Barcelona, StreepLip, 2017.
VYGOTSKY, L., *Pensamiento y lenguaje.* Barcelona, Paidós, 2010.
VAN ROSSEM, K., «¿Qué es el diálogo socrático», *Revista Digital del Centro de Profesores de Alcalá de Guadaira,* 9, Vol.1, 25 de junio de 2011.
VV.AA., *Reevaluar. La evaluación reflexiva en la escuela,* Barcelona, Octaedro, 2005.

Para saber más sobre...

Platón
BRUN, J., *Platón y la academia,* Barcelona, Paidós Ibérica, 1992.
PLATÓN, *Diálogos III: Fedón, Banquete, Fedro,* Barcelona, Gredos, 2004.

Aristóteles
ARISTÓTELES, *Ética a Nicómaco,* Madrid, LID, 2009.
ROA, A., *Ética y bioética,* México. D. F., Andrés Bello, 1998.

Epicuro
EPICURO, *Sobre la felicidad,* Madrid, Anaya, 2000.
RIST, J. M., *La filosofía estoica,* Barcelona, Planeta de los Libros, 2017.

Séneca
BRUN, J., *El estoicismo,* México, UAEM, 1997.
SÉNECA, L., *Sobre la brevedad de la vida,* Barcelona, Acantilado, 2013.

Spinoza
BENNETT, J., *Un estudio de la ética de Spinoza,* México. D. F., FCE, 1990.
SPINOZA, B., *Ética demostrada según el orden geométrico,* Madrid, Alianza, 1998.

Montaigne
MONTAIGNE, M., *Ensayos completos*, Madrid, Cátedra, 2003.
NAVARRO REYES, J., *La extrañeza de sí mismo: identidad y alteridad en Montaigne*, Sevilla, Fénix, 2005.

Rousseau
BERNAL MARTÍNEZ DE SORIA, A., *Educación del carácter / Educación moral. Propuestas educativas de Aristóteles y Rousseau*, Pamplona, Eunsa, 1998.
ROUSSEAU, J. J., *Emilio, o de la educación*, Madrid, Alianza, 2005.

Kant
FONT, P. L., *Immanuel Kant*, Barcelona, Arpa, 2016.
KANT, I., *Crítica de la razón práctica*, Madrid, Alianza, 2007.
RODRÍGUEZ GARCÍA, R., *La fundamentación formal de la ética*, Madrid, Universidad Complutense, 1983.

Nietzsche
DE SANTIAGO GUERVÓS, L., *Arte y poder. Aproximación a la estética de Nietzsche*, Madrid, Trotta, 2004.
NIETZSCHE, F., *Así habló Zaratrustra*, Madrid, Alianza, 2011.

Wittgenstein
WITTGENSTEIN, L., *Conferencia sobre ética*, Barcelona, Paidós, 1989.
XIRAU, R., *Palabra y silencio*, México, D. F., Siglo XXI, 1968.

Arendt
ARENDT, H., *Los orígenes del totalitarismo*, Madrid, Santillana, 1973.
BÁRCENA, F., *Hannah Arendt: una filosofía de la natalidad*, Barcelona, Herder, 2006.

Fromm
FROMM, E., *¿Tener o ser?*, México. D. F., FCE, 2009.
FUNK, R., *Erich Fromm. Una escuela de vida*, Barcelona, Paidós, 2009.

图书在版编目（CIP）数据

哲学家小孩 /（西）约尔迪·诺曼著；张晓璇译. -- 北京：北京联合出版公司, 2021.4
ISBN 978-7-5596-4563-0

Ⅰ.①哲… Ⅱ.①约… ②张… Ⅲ.①哲学－儿童教育－家庭教育 Ⅳ.①B②G782

中国版本图书馆CIP数据核字（2020）第175862号

北京市版权局著作权合同登记 图字：01-2020-6982

© Jordi Nomen Recio, 2018
First published in 2018 in Spain by Arpa Editores.
Simplified Chinese edition copyright © 2021 by Beijing United Publishing Co., Ltd.
Published by arrangement with Zarana Agencia Literaria, through The Grayhawk Agency Ltd.

Simplified Chinese edition copyright © 2021 by Beijing United Publishing Co., Ltd.
All rights reserved.
本作品中文简体字版权由北京联合出版有限责任公司所有

哲学家小孩

作　　者：[西] 约尔迪·诺曼（Jordi Nomen）
译　　者：张晓璇
出 品 人：赵红仕
出版监制：刘　凯　马春华
选题策划：联合低音
责任编辑：周　杨
封面设计：柒拾叁号 13810257834
内文排版：聯合書莊

北京联合出版公司出版
（北京市西城区德外大街83号楼9层　100088）
北京联合天畅文化传播公司发行
北京华联印刷有限公司印刷　新华书店经销
字数133千字　880毫米×1230毫米　1/32　7印张
2021年4月第1版　2021年4月第1次印刷
ISBN 978-7-5596-4563-0
定价：45.00元

版权所有，侵权必究
未经许可，不得以任何方式复制或抄袭本书部分或全部内容
本书若有质量问题，请与本公司图书销售中心联系调换。电话：（010）64258472-800